Zorn | Ökonomisierung des Persönlichen

[Was bedeutet das alles?]

Jonas Zorn

Ökonomisierung des Persönlichen

Wie der Markt Freundschaft und Liebe erobert

Reclam

RECLAMS UNIVERSAL-BIBLIOTHEK Nr. 14592
2024 Philipp Reclam jun. Verlag GmbH,
Siemensstraße 32, 71254 Ditzingen
Gestaltung: Cornelia Feyll, Friedrich Forssman
Druck und Bindung: Esser printSolutions GmbH,
Untere Sonnenstraße 5, 84030 Ergolding
Printed in Germany 2024
RECLAM, UNIVERSAL-BIBLIOTHEK und
RECLAMS UNIVERSAL-BIBLIOTHEK sind eingetragene Marken der Philipp Reclam jun. GmbH & Co. KG, Stuttgart
ISBN 978-3-15-014592-0

www.reclam.de

Inhalt

Einleitung: Was hat der Kapitalismus mit uns zu tun?

Was hat Kapitalismus mit uns zu tun? Keine Frage: Wir leben in einer kapitalistischen Gesellschaft. Deutschland ist eine Marktwirtschaft. Wir sind Konsument:innen. Wir shoppen online, wir kaufen vor Ort. Anders kämen wir in der Regel auch gar nicht an unser Essen oder unsere Kleidung. Auch arbeiten wir in mehr oder weniger kapitalistischen Strukturen: Wir verkaufen unsere Arbeitskraft für Lohn. Wir arbeiten möglicherweise sogar für Unternehmen oder Banken.

Kann es aber sein, dass der Kapitalismus noch viel mehr mit uns zu tun hat? Ist die Markwirtschaft möglicherweise nicht nur unsere Umwelt, sondern durchdringt auch unser Wesen? Sind möglicherweise sogar unsere intimsten Beziehungen hiervon betroffen? Kann es sein, dass wir Denkarten und Handlungsweisen aus der Welt der Wirtschaft in unsere Freundschaften und Liebesbeziehungen importieren? Und falls ja: Was bedeutet das? Wie kommt es dazu? Ist dies schlecht? Und wie können wir uns dagegen wehren?

Dieser Essay soll Antworten auf diese Fragen geben.

Was ist die Ökonomisierung persönlicher Beziehungen?

Ich werde zunächst genauer auf die Vermutung eingehen, die ich gerade in den Raum gestellt habe. Ich werde hierfür den Eindruck gründlicher beschreiben, dass wir unsere persönlichen Beziehungen – unsere Freundschaften und Liebesbeziehungen – zunehmend wie ökonomische Beziehungen führen.

Werfen wir einen Blick auf die Art, wie wir über unsere persönlichen Beziehungen reden. Hier lässt sich eine bemerkenswerte Überlappung mit dem Sprachgebrauch aus Wirtschaft und Finanzwesen feststellen. Wir sprechen davon, in Freundschaften oder Liebesbeziehungen zu *investieren*. Wir beziehen uns auf diese Investments, um unsere Ansprüche zu begründen. »Ich habe schon so viel in diese Beziehung investiert, jetzt bist du mal an der Reihe.« Oder wenn wir darüber nachdenken, uns zu trennen: »Ich kann mir nicht vorstellen, jetzt einfach alles hinzuschmeißen. Ich habe schon so viel in diese Beziehung investiert.«

Ähnlich sieht es aus, wenn wir betonen, wie wichtig Beziehungen für uns sind. Dann sprechen wir davon, von diesen zu *profitieren*. Marktwirtschaftliche Sprache benutzen wir auch dann, wenn wir nach neuer Liebe suchen. Der hierfür einschlägige Ort ist schließlich der *Datingmarkt*.

Eine solche Nähe zwischen Ökonomie und persönlichen Beziehungen lässt sich aber nicht nur an unseren Redeweisen erkennen. Sie zeigt sich auch in unseren Handlungsmustern. Um uns in einer sich anbahnenden Beziehung attraktiver zu machen, nutzen wir ökonomische Strategien: Wir machen uns rar. Wir stellen auf diese Weise *künstliche Knappheit* her und wirken *preistreibend*.

Nicht viel anders sieht es aus, wenn wir darüber nachdenken, eine Beziehung zu beenden: Hier wägen wir oftmals Vorteile und Nachteile der Partnerschaft gegeneinander ab. Wir machen also eine Kosten-Nutzen-Rechnung. Diese hat deutliche Ähnlichkeit mit dem Kalkül eines Unternehmens.

Auch die Art und Weise, wie wir Beziehungen beenden, erinnert an das Verhalten von Konsument:innen, etwa beim *Ghosting*. Hier ignorieren wir einfach die Nachrichten der anderen Person und brechen den Kontakt ab ohne jegliche Erklärung. Dies ähnelt dem selbstverständlichen und bequemen Kündigen von Dienstleistung ohne die Angabe von Gründen.

Auch auf der Suche nach neuer Liebe handeln wir häufig ähnlich strategisch wie Unternehmer:innen. Wir legen uns nicht sofort auf eine Person fest. Wir gehen stattdessen mit mehreren anderen Personen aus. Auf diese Weise *diversifizieren* wir unsere *Investments*. Wir verhindern, dass wir unsere ganze Energie auf nur eine Karte setzen. Wir nutzen die Energie, die wir eigentlich bräuchten, um die andere Person in ihren Eigenarten zu verstehen oder etwa ihre Eltern kennenzulernen.

In Zeitschriften, Magazinen und den sozialen Medien raten uns Expert:innen, wie wir uns in Liebesbeziehungen und Freundschaften verhalten sollen. Ihre Empfehlungen weisen starke Ähnlichkeit mit denjenigen von Unternehmensberater:innen auf. Ein paar Beispiele:

Im *Focus* rät der Coach Attila Albert[1] seinen Leserinnen:

»Nicht einseitig investieren«. In seinem Artikel bietet er auf dieser Basis »5 Tipps, mit denen sich Frauen die Enttäuschung sparen«.

In der Frauenzeitschrift *Cosmopolitan* rät die Redakteurin für *Sex and Relationships* Julia Pugachevsky ihren Leserinnen: »Höre nie auf, neue Freund:innen zu finden, auch wenn Du eigentlich schon genug hast«.[2] Ihre Begründung klingt wie ein Echo aus der Welt der Wirtschaft: Nur so könne *Wachstum* sichergestellt werden – »Denying yourself new friends is denying yourself growth.«

In einem viralen *TikTok*-Video liefert die New Yorker Psychotherapeutin Arianna Brandolini[3] ein Skript dafür, wie man Freundschaften beenden kann. Übersetzt lautet dies: »Ich habe unsere Zeit der Freundschaft hochgeschätzt. Wir bewegen uns jedoch in unterschiedliche Lebensrichtungen. Ich habe keine Kapazität mehr, in unsere Freundschaft zu investieren.«

Auch empirische Studien liefern Hinweise auf eine zunehmende Ökonomisierung unserer persönlichen Beziehungen. Besonders bekannt sind die Untersuchungen der französisch-israelischen Soziologin Eva Illouz:[4] In Gesprächen über One-Night-Stands schildern ihre Interviewpartner:innen diese Begegnungen als gegenseitige Dienstleistungen. Sie beschreiben ihre Liebhaber:innen wie Produkte, die sie bewerten, konsumieren und ersetzen. Die von Illouz dokumentierten Berichte über die Beendigung von Beziehungen gleichen Erzählungen über das Entsorgen und Ersetzen defekter Waren.

Die Marktförmigkeit von romantischen Beziehungen zeigt sich auch in Untersuchungen von Dating-Plattformen. In einer Studie der britischen Soziologinnen Alicia

Denby und Jenny van Hooff[5] berichten junge Erwachsene, wie sexuelle Erfahrenheit als Kapital unter Gleichaltrigen gehandelt wird. Sie berichten zudem, wie sie den Zeitpunkt genau kalkulieren, an dem sie Interesse an der anderen Person zeigen. Sie wollen vermeiden, zu früh Zuneigung zu signalisieren. Auf diese Weise steigen sie in ihren Chats in einen *Unterbietungswettbewerb* ein: Diejenige Person verliert, die emotional mehr investiert und sich auf diese Weise verletzlicher macht.

In einer Studie des Kommunikationswissenschaftlers Lik Sam Chan[6] zur Nutzung von Dating-Apps durch homosexuelle Männer in den USA beschreiben die Teilnehmer, wie genau sie ihre Dating-Profile gestalten. Ihr erklärtes Ziel besteht dabei darin, dass diese möglichst viele Alleinstellungsmerkmale aufweisen, um sich so im Wettbewerb abzuheben. Auch berichten 80 % der Teilnehmer, bei ihrer Suche nach einem Partner spezielle Filter zu nutzen – etwa für Größe, Ethnizität oder Alter. Sie tun dies, um die große Menge an Angeboten beherrschbarer zu machen. Diese Strategie ähnelt dem Online-Einkauf, bei dem wir Parameter eingrenzen, um eine passende Auswahl von Produkten zu erhalten.

In einer Interviewstudie der britischen Soziologin Lauren Palmer zum Gebrauch der Dating-App *Tinder*[7] berichten die Teilnehmenden, wie sie mit jeweils wechselnden Personen immer wieder dieselben Nachrichten austauschen. Diese Nachrichten nehmen die Form von Arbeit sparenden, standardisierten Verkaufsskripten an. Die Teilnehmenden berichten zudem darüber, dass sie Unterhaltungen mit Interessent:innen abrupt abbrechen, wenn diese herausfordernd oder langweilig werden oder wenn sich attraktivere Optionen ergeben. Ihr Verhalten gleicht dabei dem von Konsument:innen.

Auch psychologische Studien geben uns Hinweise darauf, dass sich die Verinnerlichung kapitalistisch dominanter Werte wie Eigeninteresse und Wettbewerb in persönlichen Beziehungen niederschlägt. In einer Studie der amerikanischen Forscher Tim Kasser und Richard Ryan[8] berichteten Teilnehmende, die besonders auf finanziellen Erfolg, ihre Außenwirkung und sozialen Status konzentriert sind, über mehr Konflikte in ihren romantischen und freundschaftlichen Beziehungen als die anderen Teilnehmenden. In einer Studie von Emily Solberg und Kollegen[9] war eine materialistische Haltung mit geringerer Beziehungsqualität verbunden. Eine Untersuchung von Brent Roberts und Richard Robins[10] zeigt darüber hinaus, dass Personen, die besonderen Wert auf finanziellen Erfolg legen, egozentrischer sind als solche mit anderen Lebenszielen. All dies macht den Eindruck, dass der Kapitalismus auch vor unseren persönlichen Beziehungen keinen Halt macht.

Um genauer verstehen zu können, was es bedeutet, seine persönlichen Beziehungen nach marktwirtschaftlichen Regeln zu führen und zu denken, möchte ich jedoch zuerst einen Schritt zurückgehen. Es geht mir darum, genauer zu beschreiben, wie wirtschaftliche Beziehungen in der Regel funktionieren und wie sie sich eigentlich von persönlichen Beziehungen unterscheiden. Dies soll uns im Anschluss ermöglichen, besser zu verstehen, was es überhaupt bedeutet, wenn wir Freundschaften und Liebesbeziehungen wie ökonomische Beziehungen leben.

Ökonomisch und persönlich – eine Unterscheidung

In der wirtschaftlichen und der persönlichen Sphäre herrschen eigentlich jeweils unterschiedliche Handlungslogiken vor. Das heißt: ob ich zum Beispiel mit meiner Geschäftspartnerin oder mit meiner Freundin umgehe, hat einen entscheidenden Einfluss darauf, welche Handlungsabsichten ich verfolge, was ich von meinem Gegenüber erwarte und welches Verhalten ich als gut oder schlecht bewerte. Es hat einen Einfluss darauf, was ich für gelungen, natürlich oder erstrebenswert halte.

Die Unterscheidungen, die ich im Folgenden vornehme, sind dabei als idealtypisch zu verstehen: In der Realität wird es immer Mischformen von wirtschaftlichen und persönlichen Interaktionen geben, etwa dann, wenn ich ein freundschaftliches Verhältnis zu einem Dienstleister habe oder umgekehrt mit einer Freundin Geschäfte mache. Die Unterschiede zwischen persönlichen und ökonomischen Beziehungen sind dann eher graduell als kategorisch. Im Folgenden möchte ich die dennoch vorhandenen Unterschiede durch eine Kontrastierung hervorheben. Ich lehne mich dabei an Arbeiten der amerikanischen Philosophin Elizabeth Anderson[11] an. Schauen wir zunächst auf die wirtschaftliche Sphäre.

Wirtschaftliche Beziehungen

Wirtschaftliche Beziehungen sind *instrumentell motiviert*: Sie sind immer an einen Zweck gebunden. Dieser Zweck ist der eigene Vorteil, der aus dieser Beziehung entsteht. Ökonomisch gesprochen würde man sagen: Ziel von wirtschaftlichen Beziehungen ist die *Maximierung des eigenen Nutzens.* Wirtschaftliche Beziehungen sind, vereinfacht gesagt, letztendlich immer durch Egoismus bestimmt. Wenn ich bei der Bäckerin Brötchen kaufe, dann interessiere ich mich nicht für die Bäckerin, sondern nur dafür, dass ich etwas zum Frühstück habe. Die Bäckerin interessiert sich ihrerseits nicht für mich, sondern letztendlich nur für mein Geld. Mit diesem kann sie wiederum für ihre eigenen Zwecke sorgen. Genau das meint der schottische Philosoph Adam Smith (1723–1790) mit seiner berühmten Formulierung:

> Nicht vom Wohlwollen des Metzgers, Brauers und Bäckers erwarten wir das, was wir zum Essen brauchen, sondern davon, daß sie ihre eigenen Interessen wahrnehmen. Wir wenden uns nicht an ihre Menschen-, sondern an ihre Eigenliebe, und wir erwähnen nicht die eigenen Bedürfnisse, sondern sprechen von ihrem Vorteil.[12]

Grundlage für jede wirtschaftliche Interaktion ist also das Erreichen eines eigenen Vorteils. Genauer müsste man sagen: das *gegenseitige* Erreichen von eigenem Vorteil – schließlich ist es sowohl für mich als auch für die Bäckerin gut, wenn ich Brötchen kaufe. Marktwirtschaftliche Beziehungen sind *transaktional.* Sie sind Tauschbeziehungen. Eine wichtige Voraussetzung für eine Tauschbeziehung besteht darin, dass die getauschten Güter *vergleichbar* sind. In dem Tauschakt mit der Bäckerin gehen wir davon aus, dass die Brötchen einem bestimmten Geldwert entsprechen. Für das erwirtschaftete Geld kann die Bäckerin wiederum etwas Vergleichbares kaufen. Der ökonomische Begriff für diese Form von Vergleichbarkeit lautet *Kommensurabilität.* Marktwirtschaft funktioniert durch den Tausch mit vergleichbaren Gütern. Oder mit anderen Worten: Marktwirtschaft funktioniert durch *Äquivalenztausche.* Der Tausch von vergleichbaren Gütern ermöglicht es, jeweils einen Vorteil zu erzielen.

Wirtschaftliche Beziehungen enden, wenn die vergleichbaren Güter ausgetauscht sind. Sie folgen dem Prinzip *quid pro quo*, also »dies für das«. Wenn ich ein gebrauchtes Küchengerät über eine Kleinanzeige kaufe, dann bleibe ich nach der Abholung der Ware und dem Überreichen des Geldes nicht mehr mit dem Verkäufer in Kontakt. Der Zweck der Transaktion ist erfüllt: Ich habe meinen Thermomix, der Verkäufer einen entsprechenden Geldbetrag. Oftmals werden wirtschaftliche Interaktionen dabei vertraglich geregelt. Dann wird genau festgeschrieben, welche Leistungen miteinander getauscht werden und wann man miteinander quitt ist. Bleibt eine Leistung aus, kann diese eingeklagt werden.

Wirtschaftliche Beziehungen enden auch dann, wenn sie nicht mehr profitabel sind. Dies ist der Fall, wenn für eine Partei die Ausgaben größer geworden sind als die Einnahmen. Deutlich wird dies in folgendem Beispiel: Ein Fernsehsender lässt eine Sitcom für das Abendprogramm produzieren. Der Sender bezahlt dafür eine Produktionsfirma. Geld verdient der Sender durch das Schalten von Werbung in kurzen Unterbrechungen des Programms. Die Sitcom ist jedoch beim Publikum nicht beliebt. Schnell bleiben die Interessenten für den Verkauf von Werbung aus. Der Sender ist deswegen gezwungen, die Werbeslots für viel weniger Geld zu verkaufen. Die Einnahmen, die hierdurch entstehen, sind jedoch geringer als die Kosten, die durch die Bezahlung der Produktionsfirma entstehen. Das Senden der Sitcom ist für den Fernsehsender mit anderen Worten nicht profitabel. Der Fernsehsender entscheidet sich deswegen, die Sitcom abzusetzen und das Geschäft mit der Produktionsfirma zu beenden. Stattdessen kauft die Redaktion Rechte an einem Historiendrama. Von diesem weiß sie, dass es ein Zuschauerhit sein wird. Mit diesem Argument kann der Sender wieder mehr Geld für den Verkauf der Werbeslots einnehmen.

Hier wird eine weitere Eigenschaft von Beziehungen in der Wirtschaftssphäre deutlich, nämlich die Konkurrenz, in der wir zu anderen Marktteilnehmer:innen stehen. Ein *Konkurrenzverhältnis* entsteht dann, wenn andere das gleiche Ziel haben wie wir. Sie versuchen, über den Tausch der gleichen Leistungen, die wir auch anbieten, einen Profit zu erwirtschaften. Sie bedrohen damit unseren eigenen Nutzen. Dies ist der Fall bei den Produktionsfirmen, die versuchen, ihre Serien an einen Fernsehsender zu verkaufen. Sie stehen miteinander im Wettbewerb. Das Verhältnis von Kokurrent:innen ist dabei ein *adversives*, also ein einander widerstreitendes. Hieraus ergibt sich auch die Rolle des Marketings: Seine Aufgabe besteht darin, das eigene Produkt attraktiver erscheinen zu lassen als dasjenige der Konkurrent:innen.

Wirtschaftliche Beziehungen sind aber nicht nur durch Wettbewerb und Widerstreit, sondern auch durch Freiheit geprägt. Mit Freiheit ist dabei *Ungebundenheit* und *Selbstbestimmung* gemeint. In der Wirtschaftssphäre kann ich mit jedem ein Geschäftsverhältnis eingehen. Auch kann ich kaufen, was ich will. Hierfür muss ich keine Gründe angeben und bei niemandem um Erlaubnis fragen. Ich muss mich auch vor niemandem für meine Vorlieben und meinen Geschmack rechtfertigen. Ich brauche ausschließlich das nötige Kleingeld, um mir meine Wünsche zu erfüllen. Gebunden ist man in der wirtschaftlichen Sphäre nur in dem Moment, in dem man einen Vertrag abschließt und seinen Anteil der Transaktion noch nicht erfüllt hat.

Kapitalismus wird deswegen teilweise auch als eine emanzipatorische, also eine *befreiende* Kultur verstanden. In vorkapitalistischen Zeiten waren Personen gebunden durch ihre ständischen Rollen. Es war entscheidend, *wer man war* – jemand von Bedeutung, von Rang und Namen, oder nur ein einfacher Bauer. Im Kapitalismus ist es hingegen vollkommen egal, wer man ist, denn es geht schließlich um das Geschäft. Die Art der Freiheit, die für wirtschaftliche Beziehungen zentral ist, wird auch als *negative* Freiheit bezeichnet. Gemeint ist damit die *Abwesenheit* von äußerlichen Zwängen.

Bezieht man sich auf dieses Verständnis von Freiheit, fällt schnell ein Verhalten ins Auge, das für unser Verhältnis zu Personen und Dingen in der Marktsphäre entscheidend ist: Konsum. Unsere Handlungen als Konsument:innen basieren häufig auf Gefühlen. Wir haben *Lust* auf Strandurlaub, auf ein Abo des Fußballsenders oder neue Beauty-Produkte. Genau diese emotionale Basis wird durch Marketing und Werbung angesprochen. Zu einem gewissen Grad bleiben unsere Konsumwünsche unhinterfragbar: »Er will halt einfach so ein Auto fahren und kann es sich leisten, dann soll er's doch machen.« Grundlage des Konsums sind also nicht moralische oder rationale Prinzipien, sondern auf die eigene Person bezogene Wünsche.

Konsum umfasst oftmals eine weitere Form der Beziehung, die wir in der Wirtschaftssphäre eingehen: eine Dienstleistungsbeziehung. Die Dienstleistungsbeziehung ist eine besondere Form der Austauschbeziehung. In einer solchen Beziehung gebe ich Geld dafür, dass jemand etwas für mich tut – zum Beispiel meine Wohnung aufräumt, für mich Kaffee kocht oder auf meine Kinder aufpasst. Auch auf Dienstleistungen trifft das erwähnte Zitat von Adam Smith zu: Dienstleister:innen bedienen ihre Kund:innen nicht aus der Güte ihres Herzens heraus, sondern weil sie abhängig von dem sich aus ihrer Dienstleistung ergebenden Einkommen sind. Dass Reinigungskräfte die Wohnungen ihrer Kund:innen säubern, ist kein Ausdruck von Fürsorge. Sie tun dies, um ihre eigene Miete bezahlen zu können.

Seitens der Kund:innen besteht im Rahmen einer Dienstleistungsbeziehung ein vertragliches Anrecht, eine entsprechende Leistung zu erhalten. Kund:innen haben deswegen gegenüber Dienstleister:innen oftmals eine Anspruchshaltung: »Ich habe fünf Euro für den Cappuccino bezahlt, da wird man ja wohl noch erwarten können, dass dieser schnell gebracht wird.« Weil Dienstleister:innen von ihren Kund:innen abhängig sind, begegnen sie diesen häufig zuvorkommend mit *Kundenorientierung*. Hier gilt dann oft: *Der Kunde ist König*. Auch unvernünftiges oder unangemessenes Verhalten von Kund:innen wird dann ausgehalten. Es ist schließlich besser für das Geschäft, die miese Laune einer Kundin auszuhalten, als sie als Kundin zu verlieren.

Dienstleister:innen verkaufen dabei teilweise nicht nur ihre körperliche Leistungsfähigkeit. Teil der Dienstleistung ist oftmals auch ein bestimmtes Auftreten. Der Kellner wird auch dafür bezahlt, dass er gut gelaunt ist und bei seinen Gästen für eine angenehme, ausgelassene Stimmung sorgt. Hierfür hat die Soziologin Arlie Russel Hochschild[13] den Begriff der *emotionalen Arbeit* geprägt. Die eigene Stimmung und das zwischenmenschliche Verhalten werden hier zu Arbeitswerkzeugen. Diese werden dazu eingesetzt, Kund:innen zu binden und den Absatz zu erhöhen. Sie dienen dem jeweiligen Unternehmen und letztlich auch dem Verdienst des Dienstleistenden.

Blicken wir zurück auf das Beispiel des Brötchenkaufs: Auch hier kann es sein, dass die Bäckerin ihre zwischenmenschlichen Fähigkeiten strategisch einsetzt. Möglicherweise ist sie während des Kaufs freundlich zu mir. Vielleicht ist dies einfach Ausdruck ihrer Persönlichkeit. Möglicherweise hat ihre Freundlichkeit aber auch einen äußerlicheren Zweck. Sie sorgt dafür, dass ich unsere Interaktion als angenehm empfinde. Das hat vermutlich zur Folge, dass ich meine Brötchen lieber bei ihr kaufe als bei dem grummeligen Bäcker nebenan. Die Bäckerin betreibt auf diese Weise *Kundenbindung*. Sie setzt ihre Freundlichkeit als Werkzeug dafür ein, dass ich auch am nächsten Wochenende wieder bei ihr einkaufe. Für mich macht ihre Freundlichkeit unseren Tauschprozess angenehmer. Bei ihrem Konkurrenten müsste ich nicht nur Geld bezahlen, sondern auch dessen schlechte Laune aushalten, um an mein Frühstück zu kommen. Das macht das Tauschgeschäft mit ihm im Vergleich schlechter. Ökonomisch gesprochen würde man sagen: Dort sind die *Transaktionskosten* höher – also all das, was ich in der Geschäftsbeziehung aufbringen muss, um an meinen Vorteil zu gelangen. Da ich einen möglichst großen Vorteil erzielen möchte, kaufe ich bei der netten Bäckerin.

Bestimmend für Beziehungen in der Wirtschaftssphäre

ist zudem strategisches und kalkulierendes Denken. Gehandelt wird hier *unternehmerisch*. Unternehmer:innen setzen Ressourcen ein und haushalten mit diesen, um zu einem späteren Zeitpunkt Gewinne herzustellen.

Entscheidend sind dabei *Investments*. Eine Unternehmerin macht zum Beispiel dann ein Investment, wenn sie für ihre Belegschaft einen Raum mit einer Tischtennisplatte einrichtet und ihren Mitarbeiter:innen erlaubt, jederzeit dort Pausen zu machen. Die Unternehmerin hat hierdurch zunächst Kosten: Sie muss eine Tischtennisplatte kaufen. Auch sinkt die effektive Arbeitszeit der Angestellten. Über längere Zeit herrscht in dem Unternehmen aufgrund der neuen Freiheiten jedoch vermutlich ein besseres Betriebsklima. Dies sorgt wiederum dafür, dass die Mitarbeiter:innen produktiver arbeiten. Dadurch steigt dann über längere Zeit gesehen der Gewinn der Unternehmerin. Auch Investments sind *instrumentell*. Die Unternehmerin entscheidet sich in diesem Beispiel nicht für Tischtennisplatte und Pausenregelung, weil sie ihren Mitarbeiter:innen etwas Gutes tun möchte und dafür sogar finanzielle Einbußen in Kauf nimmt. Sie entscheidet sich für Tischtennisplatte und Pausenregelung, weil sie sich hierdurch höhere Einnahmen erhofft. Unternehmerisches Handeln so wie das ihre ist mit anderen Worten strategisch und kalkulierend.

Zusammenfassend lässt sich also sagen: Wirtschaftliche Beziehungen sind *instrumentell*. Ihr Ziel ist die Maximierung des eigenen Nutzens. Ein Interesse an der anderen Person besteht nur, weil sie es mir ermöglicht, einen Profit zu erwirtschaften. Es geht dabei also nicht um die Person selbst. Wirtschaftliche Beziehungen sind in diesem Sinne unpersönlich.

Wirtschaftliche Beziehungen sind zudem Tauschbeziehungen. Sie sind *transaktional*. Sie enden, wenn die festgeschriebenen und vergleichbaren Güter ausgetauscht sind. Oder sie enden, wenn sie nicht mehr profitabel sind, also keinen Gewinn mehr erbringen.

Neben Tauschbeziehungen können wirtschaftliche Beziehungen auch die Form von Konkurrenzbeziehungen und Dienstleistungsbeziehungen annehmen. Handelt es sich um Konkurrenzbeziehungen, dann ist das Verhältnis zur anderen Person ein einander widerstrebendes Verhältnis. Handelt es sich um Dienstleistungsbeziehungen, dann sind diese einerseits bestimmt durch Konsum und Anspruchshaltung und andererseits durch Kundenorientierung und Anpassung an die Wünsche des anderen.

Wirtschaftliche Beziehungen werden zudem strategisch geführt. Ein Mittel hierfür sind Investitionen. In diesem Rahmen werden dann erst Kosten in Kauf genommen, um später Gewinne zu erwirtschaften.

Wie unterscheiden sich wirtschaftliche Beziehungen nun von persönlichen Beziehungen? Und was bedeutet es, wenn persönliche Beziehungen gelebt werden wie ökonomische Beziehungen?

Persönliche Beziehungen

Unsere persönlichen Beziehungen sind in der Regel von anderen Motiven als wirtschaftliche Beziehungen bestimmt. Was zeichnet unsere persönlichen Beziehungen also aus?

In einer persönlichen Beziehung besteht die Möglichkeit, echtes Interesse an einer anderen Person zu haben.

Die Handlungsabsicht ist in so einem Fall im Gegensatz zu einer wirtschaftlichen Beziehung nicht instrumentell – sie ist also nicht in der Steigerung des eigenen Nutzens begründet. In einer wirtschaftlichen Beziehung hingegen ist die andere Person nur von Interesse, weil sie eine bestimmte Leistung erbringen kann: Wenn ich Kopfschmerzen habe, ist es mir egal, wer mir die Schmerztabletten verkauft. Ich interessiere mich nicht für die Apothekerin als Person. Solange ich die Tabletten erhalte, ist es mir gleich, wem ich das Geld dafür gebe.

In der persönlichen Sphäre kann hingegen ein *echtes* und *uneigennütziges* Interesse an der anderen Person bestehen. Das ist etwa dann der Fall, wenn ich einer Freundin bei ihrem Umzug helfe. Ich sehe, dass sie ohne meine Hilfe überlastet wäre. Es ist mir ein *Bedürfnis*, ihr zu helfen. Ich trage ihre Möbel nicht, weil sie uns versprochen hat, dass sie uns in den kommenden Tagen als Dank zum Essen einladen wird. Ich trage ihre Möbel, weil ich sie unterstützen möchte.

Auch in Liebesbeziehungen sind Handlungen oftmals in einem echten und uneigennützigen Interesse an der anderen Person begründet. Ein Beispiel: Ich weiß, dass meine Freundin einen harten Tag hatte. Ich möchte sie aufmuntern, ihr etwas Gutes tun. Deswegen koche ich ihr Lieblingsgericht und überrasche sie damit zum Abendessen. Um das Essen vorzubereiten, muss ich in mehreren Geschäften einkaufen. Auch dauert die Zubereitung ziemlich lang. Mir macht das jedoch nichts aus. Im Gegenteil: Es ist mir eine Freude, mich für meine Freundin anzustrengen.

An dieser Stelle mag sich die Frage aufdrängen, ob nicht *jede* Handlung *notwendigerweise* am Ende eigennützig ist. Die beiden Beispiele aus Freundschaft und Liebesbeziehung habe ich angeführt, um zu zeigen, dass es in persönlichen Beziehungen Handlungen gibt, die durch ein echtes Interesse an der anderen Person bestimmt sind.

Doch kann man genau diese Geschichte nicht auch als Gegenbeispiel verstehen? Beim Umzug ist es schließlich *mein* Bedürfnis, der Freundin zu helfen. Vermutlich würde ich mich schlecht fühlen, wenn ich sie nicht unterstützen würde. Um dies zu vermeiden, engagiere ich mich bei ihrem Umzug.

Beim Kochen könnte man ähnlich sagen: Es macht doch *mir* Freude, meiner Freundin etwas Gutes zu tun. Also koche ich letztendlich für sie, damit *ich* mich gut fühle.

Bedeutet das also nicht, dass die Absichten in diesen Fällen letztendlich doch egoistisch sind? Das ist nicht der Fall. Wieso würde ich mich schlecht fühlen, wenn ich meiner Freundin nicht helfen würde? Eben weil mir ihr Wohlergehen wichtig ist. Die *Grundlage* für mein Handeln und Erleben ist ein echtes Interesse an ihr.

Selbiges gilt für das Kochen: Die *Voraussetzung* dafür, dass es mir Freude macht, für meine Freundin zu kochen, besteht ja gerade darin, dass ich es gut finde, ihr eine Freude zu machen. Grundlage ist auch hier wieder ein uneigennütziges Interesse an ihr. Nur weil auch ich ein positives Erleben habe, bedeutet dies nicht, dass meine Handlung egoistisch begründet ist.

Eng verwandt ist der Zweifel, ob wir letztlich nur dann etwas für andere tun, wenn wir uns hierfür eine Belohnung erhoffen. Um diese Sorge zu entkräften, hilft ein Blick in die Forschung: In Studien der Verhaltensforscher Michael Tomasello und Felix Warneken[14] halfen Kleinkinder Erwachsenen. Sie öffneten für diese Schranktüren oder brachten ihnen Gegenstände, die außer deren Reichweite lagen. Der Clou: Kleinkinder in diesem Alter haben noch kein Verständnis für ein *quid pro quo*. Es kann also nicht die Erwartung einer Gegenleistung gewesen sein, die die Kinder dazu bewegt hat, den Erwachsenen zu helfen. Das Angebot von Belohnungen hatte dementsprechend keinen Einfluss auf die Handlungen der Kinder. Diese halfen immer noch genauso gerne wie im Szenario ohne Belohnung aus. Die Interpretation der Forscher war eindeutig: Die Kinder zeigen ein natürliches Bedürfnis, den Erwachsenen zu helfen. Diese Ergebnisse weisen darauf hin, dass es in uns angelegt ist, uneigennützige Absichten zu haben.

An dieser Stelle muss Folgendes ergänzt werden: Die Tatsache, dass wir in persönlichen Beziehungen uneigennützig an der anderen Person interessiert sein können, bedeutet nicht, dass wir in Freundschaften und Liebesbeziehungen *ausschließlich* uneigennützig handeln. Letztlich werden in der persönlichen Sphäre immer uneigennützige und auch instrumentelle Absichten eine Rolle spielen. Auch Freund:innen und romantische Partner:innen können egoistisch handeln. Sie tun dies wahrscheinlich sogar ziemlich häufig. Der Unterschied zur wirtschaftlichen Sphäre besteht jedoch darin, dass wir in persönlichen Beziehungen auch anders handeln können. In Freundschaften und Liebesbeziehungen werden uneigennützige Handlungsabsichten zudem in der Regel begrüßt und geschätzt. Wir loben unsere Freund:innen dafür, dass sie sich selbstlos gegenüber anderen verhalten haben. Unsere Partner:innen erleben wir als besonders liebevoll, wenn sie Rücksicht auf unsere Bedürfnisse nehmen und nicht nur auf sich selbst schauen.

Eine große Rolle spielen in persönlichen Beziehungen

Bindungen. Wirtschaftliche Beziehungen enden, sobald der Äquivalenztausch abgeschlossen ist. In der Wirtschaftssphäre ist dies ein Ausdruck von Freiheit: Die Transaktion ist erledigt, jetzt können neue Geschäftsmöglichkeiten erschlossen werden. In der persönlichen Sphäre bestehen Beziehungen jedoch fort. Diese stetige Verbindung zu anderen erleben wir in der Regel als etwas Gutes. Das wird im Umzugsbeispiel deutlich. Die Einladung zum Abendessen spielt hier nicht die gleiche Rolle wie eine Gegenleistung in einem Äquivalenztausch. Meine Freundin will durch die Esseneinladung nicht die Transaktion zwischen uns beenden. Sie will damit stattdessen ihre *Dankbarkeit* ausdrücken. Mit dieser Geste versucht sie, die Beziehung zu uns Umzugshelfer:innen zu stärken und ihr Gefühl von Verpflichtung auszudrücken. Diese Verpflichtung erlebt sie dabei vermutlich als etwas *Gutes*. Sie wird sich nach dem Abendessen nicht fühlen, als hätte sie ihre Schulden beglichen und als könnte sie jetzt unsere Hilfeleistung vergessen. Sie wird sich stattdessen freudig an diese erinnern. Wenn sie tatsächlich versuchen würde, sich der Verpflichtung zu entledigen, fänden wir dies befremdlich, wenn sie etwa jedem von uns 100 Euro in die Hand drücken würde. Wir hätten das Gefühl, dass sie uns loswerden möchte. Freundschaft lebt jedoch von einem fortbestehenden Gefühl gegenseitiger Verpflichtung, die ihrerseits nicht als Last erfahren wird. Verwurzelt ist dieses Erleben in dem echten, uneigennützigen Interesse, das wir an unseren Freund:innen haben.

Weil Freundschafen und Liebesbeziehungen eben keine *unpersönlichen* Beziehungen sind, spielen zudem die spezifischen Eigenschaften der anderen Person eine zentrale Rolle. In der Apotheke ist es mir egal, wer mich bedient. Diese Person ist für mich letztendlich austauschbar. Genauso austauschbar wie die Tablettenpackung, die sie mir reicht. Bei meinen Freund:innen ist mir dies hingegen keineswegs egal. Ich könnte nicht mit *irgendwelchen* Personen befreundet sein. Befreundet sein möchte ich stattdessen mit Personen, die ich mag. Eigentlich müsste man sagen: Befreundet sein möchte ich mit bestimmten Personen deshalb, *weil* ich sie mag. Unsere Freund:innen erleben wir auf diese Weise nicht als austauschbar, sondern als *einzigartig*. Dasselbe gilt in besonderem Maße für Liebesbeziehungen. Ich will nicht mit jeder Person in einer romantischen Beziehung sein. Und ich liebe eine andere Person nicht einfach so. Sondern ich liebe eine andere Person, *weil sie so ist, wie sie ist.*

Entscheidend ist in persönlichen Beziehungen zudem *Gegenseitigkeit.* Ich würde nicht mit jemandem befreundet sein wollen, die oder der nicht an mir interessiert ist – oder schlimmer: die oder der mich nicht mag. Und Ähnliches gilt für Liebesbeziehungen. Die Vorstellung, mit einer Person liiert zu sein, die man liebt, die einen aber nicht ausstehen kann, ist schrecklich. Das ist in wirtschaftlichen Beziehungen anders – besonders in Dienstleistungsbeziehungen, in denen emotionale Arbeit verrichtet wird. Die Kundenberaterin ist zu mir freundlich, auch wenn sie sich überhaupt nicht für mich interessiert. Sie ist auch dann nett, wenn ich mich ihr gegenüber unfreundlich verhalte.

Persönliche Beziehungen zeichnen sich zudem durch *Intimität* aus. Intimität meint dabei nicht körperliche und sexuelle Nähe, obwohl diese natürlich auch eine große Rolle in persönlichen Beziehungen spielt. Intimität meint hier, dass man sich in Freundschaften und Beziehungen anvertrauen kann. Man kann seine Verletzlichkeit und seine Bedürfnisse offenbaren – ohne Angst zu haben, deshalb abgelehnt zu werden. In wirtschaftlichen Beziehungen würde man sich nicht auf eine solche Weise verhalten. Dort hält man sich bedeckt. Wissen um Wünsche und Verletzlichkeiten könnte schließlich strategisch durch die Geschäftspartnerin für ihren Vorteil ausgenutzt werden.

Persönliche Beziehungen zeichnen sich zudem oftmals durch *Verbundenheit* aus. Auch hier besteht ein Kontrast zu wirtschaftlichen Beziehungen. In wirtschaftlichen Beziehungen handeln Personen voneinander getrennt. Sie haben ihre eigenen Bedürfnisse und Wünsche – mit ökonomischer Wortwahl würde man sagen: ihre Präferenzen. Diese Präferenzen erfüllen sie, indem sie miteinander Austauschbeziehungen eingehen. Auch in diesen Austauschbeziehungen bleiben die Personen jedoch weitestgehend voneinander getrennt. In persönlichen Beziehungen gehen wir im Gegensatz dazu oft in der Verbindung zu der anderen Person auf. Das ist besonders dann der Fall, wenn wir Dinge gemeinsam tun: wenn wir miteinander lachen, miteinander singen, miteinander kochen. Vermutlich ist dies besonders in Liebesbeziehungen der Fall, wenn wir miteinander schlafen. Oftmals haben wir in persönlichen Beziehungen dann auch eine gemeinsame Identität – als ein Paar zum Beispiel. Wir überlegen dann, was *für uns* gut ist, wo *wir* leben wollen. Mit dem Gegenüber bilden wir dann zusammen eine neue Einheit. Wir identifizieren uns dann oftmals mit den Anliegen der anderen Person und machen uns diese zu eigen.

Zusammenfassend lässt sich also sagen: Persönliche Beziehungen zeichnen sich durch die Möglichkeit eines echten Interesses an der anderen Person aus. In Freundschaften und Liebesbeziehungen interessieren wir uns zudem für die spezifischen Eigenschaften unseres Gegenübers. Wir wollen nicht mit irgendwelchen Personen befreundet oder liiert sein. Wir schätzen unsere Freund:innen und Partner:innen für ihre bestimmten Eigenschaften und erleben sie als einzigartig. Wichtig ist uns zudem, dass dieses Erleben auf Gegenseitigkeit beruht. Persönliche Beziehungen enden nicht wie wirtschaftliche Beziehungen nach einem Tausch. Sie sind Beziehungen, die fortbestehen. Freundschaften und Liebesbeziehungen beruhen auf einem Erleben gegenseitiger Verpflichtung, und sie ermöglichen Intimität und Verbundenheit.

Natürlich handelt es sich bei diesen Beschreibungen um Idealisierungen. In der wirklichen Welt überlappen persönliche und wirtschaftliche Beziehungen. Das ist zum Beispiel der Fall, wenn ich zu meinem Fahrradmechaniker ein freundschaftliches Verhältnis habe und wir noch lange über Politik reden, nachdem er mein Rad repariert und ich ihn bezahlt habe.

Dennoch besteht ein grundlegender Unterschied zwischen wirtschaftlichen und persönlichen Beziehungen. Wir verhalten uns in diesen anders, haben andere Erwartungen an unser Gegenüber und bewerten unterschiedliches Verhalten als gut oder schlecht.

Die Beobachtung, die ich hier untersuchen möchte, ist jedoch, dass persönliche Beziehungen vermehrt so geführt werden wie wirtschaftliche Beziehungen. Doch was kann man sich darunter vorstellen?

Ökonomisierte persönliche Beziehungen

Wenn wir unsere persönlichen Beziehungen zunehmend als wirtschaftliche Beziehungen leben, bedeutet das, dass wir in Freundschaft und Liebe durch instrumentelle Absichten geleitet werden. Verdrängt wird dann die Möglichkeit eines echten und uneigennützigen Interesses an anderen Personen. Stattdessen ist man mit anderen befreundet, weil es *nützlich* ist. Freundschaft begründet sich dann etwa so: »Es ist gut, mit ihr befreundet zu sein, dann hat man immer einen Schlafplatz in Berlin.« Oder: »Es ist gut, mit ihm befreundet zu sein. Ich habe immer jemanden, mit dem ich etwas unternehmen kann, wenn mir langweilig ist.«

Ähnliches gilt für Liebesbeziehungen. Leben wir diese zunehmend wie wirtschaftliche Beziehungen, dann erfüllen sie einen egoistischen Zweck. Gründe, mit einer Person eine romantische Beziehung zu führen, sind dann zum Beispiel, dass man in dieser Beziehung seine sexuellen Phantasien umsetzen kann oder durch diese Aufmerksamkeit und Beachtung durch seine soziale Umwelt findet.

Leben und denken wir Freundschaften und Liebesbeziehungen wie ökonomische Beziehungen, dann werden sie zu *Austauschbeziehungen*. Für mich ist es gut, dass ich jederzeit bei meiner Freundin in Berlin übernachten kann. Ich rufe sie dafür aber auch immer regelmäßig an und erkundige mich, wie es ihr geht. Das erwartet sie auch im Gegenzug von mir.

Für Liebesbeziehungen gilt das Gleiche: Denken und führen wir diese in einem ökonomischen Rahmen, werden auch sie *transaktional*. Handlungen und Haltungen im Rahmen von persönlichen Beziehungen – wie etwa Aufmerksamkeit, Interesse, Unterstützung oder Zuneigung – werden dann zu miteinander vergleichbaren Leistungen. Diese tauschen wir miteinander aus. Ein solcher Austausch zeigt sich in Aussagen wie: »Ich gehe mit dir shoppen, auch wenn ich keine Lust darauf habe, dafür erwarte ich aber auch, dass du mit mir zu Konzerten gehst.« Oder: »Ich zeige Interesse an deinem Hund, damit du mich im Gegenzug in Ruhe Fußball schauen lässt.«

Werden persönliche Beziehungen ökonomisiert, nehmen sie dabei genauer gesagt nicht nur die Form eines Tauschs, sondern die Form einer gegenseitigen *Dienstleistungsbeziehung* an. Ich habe ein Bedürfnis nach etwas – nach Sex oder nach einem gemeinsamen Shoppingtrip. Meine Partnerin erfüllt mir diesen Wunsch. Ich muss dafür jedoch zahlen. Ich muss meinerseits eine Dienstleistung erbringen: ihm oder ihr gegenüber aufmerksam sein, mich interessiert zeigen, sie oder ihn unterstützen. In persönlichen Beziehungen leisten wir dann mit anderen Worten gegenseitige emotionale Arbeit.

Wie in ökonomischen Dienstleistungsbeziehungen zeichnen sich persönliche Beziehungen dann einerseits durch eine Konsumhaltung, andererseits durch Kundenorientierung aus. Meine Wünsche – zusammen zum Ballett zu gehen, einen schnulzigen Liebesfilm zu schauen – muss ich nicht weiter begründen. Ich rechtfertige sie einfach dadurch, dass ich mich bereits meinerseits in der Beziehung angestrengt habe und jetzt mit meinen Wünschen an der Reihe bin. Ganz im Sinne einer Kundenorientierung lasse ich mich im Gegenzug auf die Wünsche der anderen Person ein – auch wenn sie nicht nach meinem eigenen Geschmack sind. Denn das ist der *Deal*: Ich strenge mich für dich an, damit du mir meine Wünsche erfüllst.

Eine solche Haltung der Kundenorientierung unterscheidet sich aber grundlegend von einer Haltung der Fürsorge. Wir identifizieren uns dann nicht mehr mit den Bedürfnissen der anderen Person und machen sie uns zu eigen. Sie haben stattdessen für uns einen instrumentellen Wert. Sie werden nur mit Blick auf die Frage relevant, was für mich herausspringt, wenn ich diese Bedürfnisse erfülle.

Leben wir unsere persönlichen Beziehungen wie ökonomische Beziehungen, dann werden sie durch eine unternehmerische Haltung geleitet. Wir schauen, wie wir uns anstrengen können, um dann später Ansprüche an die andere Person stellen zu können. Unsere Hilfeleistungen, unsere Aufmerksamkeit, unsere Zeit werden so zu *Investitionen*. Zuneigung und Fürsorge setzen wir *strategisch* ein, nämlich dazu, um zu einem späteren Zeitpunkt selber eine vergleichbare Gegenleistung beanspruchen zu können. Wir helfen unseren Freund:innen dann beispielsweise nicht, um ihnen etwas Gutes zu tun. Stattdessen helfen wir ihnen, damit wir bei ihnen etwas guthaben.

Wie Unternehmer:innen setzen wir unsere Ressourcen möglichst effektiv ein. Wir nutzen hierfür Werkzeuge wie Zeitmanagement: Ich sitze gerade im Auto auf dem Weg zur Arbeit und habe eine halbe Stunde, in der ich sonst nur aus dem Fenster schauen könnte. Stattdessen rufe ich meine Freundin an und plaudere mit ihr über ihren Tag. Das passt jetzt besser, als wenn ich dafür später meine Arbeit unterbrechen müsste oder nicht abends in Ruhe meine Lieblingsserie schauen könnte. Ich kann auf diese Weise kostensparend in die Beziehung investieren, meinen Teil leisten und später eine Gegenleistung einfordern. Ich profitiere zudem, weil ich mir durch das Telefonat die Zeit bei der langweiligen Autofahrt besser vertreiben kann.

Wenn wir unsere Freundschaften und Liebesbeziehungen auf diese Weise wie ökonomische Beziehungen führen, gibt es für diese ein klares Kriterium der Güte. Gut sind Freundschaften und Liebesbeziehungen dann, wenn alle Parteien gleich viel leisten. Gut sind sie, wenn die Konten in Guthaben und Sollen ausgeglichen sind. Wie in wirtschaftlichen Beziehungen sind auf diese Weise Leistungen mit Verweis auf erbrachte Anstrengungen einforderbar: »Ich habe dir beim Schreiben deiner Bewerbungen geholfen, jetzt musst du mir aber auch den Gefallen tun und auf meine Tochter aufpassen.« Genau wie in wirtschaftlichen Beziehungen ist der optimale Zustand in persönlichen Beziehungen dann zudem ein Zustand der Freiheit und Ungebundenheit: Wünschenswert ist die Situation, in der man keinen anderen Personen etwas schuldet und man deswegen machen kann, was man will.

Mit diesem ökonomischen Maß der Güte von persönlichen Beziehungen ergibt sich auch ein Grundprinzip für die Beendigung von Freundschaften und Liebesbeziehungen. Sie enden dann, wenn sie keinen Nutzen mehr bringen. Sie enden also, wenn sie für eine beteiligte Person nicht mehr profitabel sind. Das ist der Fall, wenn eine Person ein höheres Maß an Aufmerksamkeit, Zuneigung, Hilfeleistungen erbringen muss, als sie in Gegenleistung erhält: »Meine Freundin in Berlin hat mittlerweile eine Partnerin, der sie all ihre Sorgen erzählen kann. In unseren Telefonaten müsste sie sich jetzt nur noch meine Probleme anhören. Sie braucht mich nicht mehr.« Ähnliches gilt für Liebesbeziehungen: »Ich muss viel mehr in die Beziehung reinstecken, als ich rausbekomme. Ich bin immer total aufmerksam, höre mir seine Geschichten an, aber für meine Vorlieben interessiert er sich nicht.« Oder: »Seitdem sie krank ist, muss ich mich jetzt viel mehr um sie kümmern. Ich strenge mich die ganze Zeit an, meine Bedürfnisse bleiben auf der Strecke. Ich habe nichts mehr von der Beziehung.«

Zusammenfassend lässt sich sagen: Wenn persönliche Beziehungen wie wirtschaftliche Beziehungen gelebt werden, bedeutet das, dass ein echtes Interesse an der anderen Person durch eine instrumentelle Haltung ersetzt wird. Freundschaften und Liebesbeziehungen sind dann gut, weil sie nützlich sind. Nützlich sind sie, weil in ihnen die eigenen Wünsche und Bedürfnisse erfüllt werden. Die Bedürfnisse unserer Freund:innen oder Partner:innen spielen dann nur eine instrumentelle Rolle. Wir erfüllen sie, damit wir bei ihnen etwas guthaben. Ökonomisierte persönliche Beziehungen nehmen auf diese Weise die Form einer gegenseitigen Dienstleistungsbeziehung an. Wir führen unsere Freundschaften und Beziehungen dann strategisch, kalkulieren genau und schonen unsere Ressourcen. Uns leitet die Absicht, möglichst ungebunden zu sein, gleichzeitig aber von anderen zu profitieren. Das Ende von ökonomisierten persönlichen Beziehungen ergibt sich aus dieser Logik: ökonomisierte Freundschaften und Liebesbeziehungen enden dann, wenn sie nicht mehr profitabel sind oder wenn es bessere Angebote gibt.

Im Folgenden möchte ich einige Antworten auf die Frage geben, woher eine Ökonomisierung von persönlichen Beziehungen überhaupt kommt. Später beschäftige ich mich mit der Frage, was daran problematisch ist.

Was ist die Ursache der Ökonomisierung persönlicher Beziehungen?

Wie kommt es, dass wir unsere Freundschaften und Liebesbeziehungen zunehmend führen, als handele es sich um marktwirtschaftliche Beziehungen? Und wie kommt es, dass wir dies für selbstverständlich halten oder gar nicht einmal bemerken? Die Antwort auf diese Fragen ist komplex. Eine Reihe von Antworten sollen anhand von zwei Modellen zusammengeführt werden:

1. Die erste Antwort nimmt unsere tagtägliche Einbindung in marktwirtschaftliche Prozesse genauer in den Blick. Die marktwirtschaftlichen Interaktionsmuster beeinflussen uns maßgeblich und *färben* auf uns und auf unsere persönlichen Beziehungen *ab*. Nennen wir diesen Erklärungsansatz das *Abfärbungsmodell*.
2. Die zweite Antwort bezieht sich auf ein kulturelles Denkmuster, das sich in unserer kapitalistisch geprägten Gesellschaft immer mehr durchsetzt. Im Rahmen dieses Denkmusters verstehen wir alle menschlichen Handlungen als marktwirtschaftliche Handlungen. Es ist kein Zufall, dass dieses Denkmuster große Dominanz erreicht. Nennen wir diese zweite Antwort das *Modell der kulturellen Einbettung*.

Im Folgenden werden beide Modelle näher vorgestellt, zunächst das *Abfärbungsmodell*.

Das *Abfärbungsmodell*

In Ländern mit einem kapitalistischen Wirtschaftssystem sind Äquivalenztausche ein Bestandteil des Alltags. Wir sind Teil von Äquivalenztauschen, wenn wir uns morgens ein Ticket für die U-Bahn kaufen, wenn wir uns in der Mittagspause einen Snack in der Cafeteria gönnen und wenn wir abends eine Folge unserer Lieblingsserie bei einem bezahlungspflichtigen Streamingdienst schauen. In all diesen Interaktionen nehmen wir einen Tauschakt vor: Wir tauschen Geld gegen eine bestimmte Leistung. Und das gilt auch umgekehrt: Wenn wir diejenigen sind, die eine Leistung erbringen, wenn wir also arbeiten, dann stellen wir unsere Arbeitskraft zur Verfügung und verlangen als Gegenleistung einen Lohn.

Es ist naheliegend, dass wir dieses Prinzip des Äquivalenztauschs aufgrund seiner Allgegenwärtigkeit in unserem Alltag verinnerlichen. Entsprechend heißt es bereits bei Karl Marx (1818–1883): »Es ist nicht das Bewußtsein der Menschen, das ihr Sein, sondern umgekehrt ihr gesellschaftliches Sein, das ihr Bewußtsein bestimmt.«[1]

Es ist ebenso naheliegend, dass wir dieses Tauschprinzip *generalisieren*, also auch auf andere Interaktionen anwenden, wie eben auf Freundschaften und Liebesbeziehungen. Eine ähnliche Idee formuliert der ungarische Philosoph und Marxist Georg Lukács (1885–1971). So schreibt Lukács, dass in kapitalistischen Gesellschaften die Warenform zur »Universalkategorie des gesamten gesellschaftlichen Seins«[2] wird. Die Idee der Ware – diese ist austauschbar und vergleichbar – ist dann nicht mehr auf die Wirtschaft beschränkt. Auch unsere Mitmenschen nehmen wir unter diesen Vorzeichen wahr. Wir verfügen über diese, als wären sie Waren, halten sie für austauschbar, interessieren uns deswegen nicht genauer für ihre spezifischen Eigenschaften.

Lukács' Idee lässt sich mit Blick auf den Waren*tausch* erweitern. Wir tauschen dann nicht nur Geld gegen Produkte oder unsere Arbeitskraft gegen Lohn, sondern auch Gefallen, Hilfe oder Zuneigung untereinander.

Dass unsere marktwirtschaftlichen Interaktionen auf unsere persönlichen Beziehungen abfärben, scheint mit Blick auf den Dienstleistungssektor besonders plausibel zu sein. Hier machen wir schließlich folgende Erfahrungen: Andere Personen kümmern sich um uns. Sie sind freundlich zu uns. Sie schenken uns ihre Aufmerksamkeit. Sie sind hilfsbereit. Gleichzeitig wissen wir darum, dass diese Personen sich nur deswegen so verhalten, weil es ihr *Job* ist: Sie sind Kellner, Kundenberaterinnen, Hotelangestellte, Hochzeitsrednerinnen, Life Coaches. Sie tun dies nur, weil sie hierfür bezahlt werden.

Der Schritt des Übertragens dieser Erfahrungen auf persönliche Beziehungen ist kurz. Schließlich spielen in persönlichen Beziehungen genau diese Qualitäten – Freundlichkeit, Aufmerksamkeit, Fürsorglichkeit – eine zentrale Rolle. Wir meinen dann: »Meine Freundin kümmert sich in Wirklichkeit nur um mich, weil sie etwas davon hat.« Ebenso leicht kann die entsprechende Anspruchshaltung übertragen werden, die uns aus Dienstleistungsdynamiken vertraut ist. In Dienstleistungssituationen erwarten wir, dass wir zuvorkommend behandelt werden – schließlich haben wir dafür gezahlt. So beginnen wir dann auch von unseren Freund:innen und Partner:innen Unterstützung, Geselligkeit oder Aufmerksamkeit einzufordern, und zwar nicht deshalb, weil wir sie hierfür bezahlen, sondern weil wir vergleichbare Gegenleistungen erbracht haben.

Wir sind zudem nicht nur als Kund:innen Teil von Dienstleistungsbeziehungen, sondern oftmals selbst Servicekräfte. Wir verhalten uns dann einfühlsam und freundlich, auch wenn wir hierzu gar nicht in der Stimmung sind oder unser Gegenüber uns hierzu keinen Anlass gibt. Unsere zwischenmenschlichen Qualitäten sind für uns Arbeitswerkzeuge. Wir gewöhnen uns an die Instrumentalisierung unserer emotionalen Fähigkeiten.

Es ist naheliegend, anzunehmen, dass eine solche Haltung für uns zu einer zweiten Natur wird, die wir auch in unsere persönlichen Beziehungen hineintragen. So beginnen wir auch in Freundschaften und Liebesbeziehungen Aufmerksamkeit, Geselligkeit oder Zuneigung als Werkzeuge zu nutzen, um selbstbezogene Ziele zu erreichen.

Auch in der Berufswelt außerhalb des Dienstleistungssektors haben soziale und emotionale Fähigkeiten eine zentrale Funktion. So öffnen sich dadurch, dass Beziehungen – etwa durch *Networking* – geknüpft werden, für Arbeitnehmer:innen und Unternehmen neue Türen. Einfühlsamkeit, Geselligkeit und Interesse bekommen dabei eine strategische Funktion und werden zu *sozialem Kapital* umgemünzt.

Auch hier leuchtet die Vorstellung ein, dass der zweckgebundene Einsatz dieser sozialen Fähigkeiten auf den persönlichen Alltag abfärbt. Ähnlich wie im Meetingraum setzen wir dann unseren Charme, unser Engagement in Freundschaft und Liebe zweckgebunden ein, um damit etwas zu erreichen und im Gegenzug zu erhalten.

Das *Modell kultureller Einbettung*

Das *Modell kultureller Einbettung* setzt noch früher an als das *Abfärbungsmodell*. Die Erfahrungen, die wir in unserem Alltag machen, sind nicht isoliert zu betrachten, sondern geschehen immer im Kontext der jeweiligen Kultur, in der wir leben. Dementsprechend sind die täglichen Erfahrungen, die wir in einer kapitalistischen Gesellschaft machen und auf die sich das *Abfärbungsmodell* bezieht, immer auch in eine *marktwirtschaftliche* oder auch *neoliberale Kultur* eingebettet. Diese hat wiederum Einfluss darauf, wie wir unsere persönlichen Beziehungen leben.

Doch was hat es mit dem Begriff *neoliberal* auf sich? *Neoliberalismus* meint eine politische und ökonomische Strömung, die die Freiheit von Individuen vergrößern will. Diese persönliche Freiheit besteht zum einen in freier Wahl – also in der Möglichkeit von selbstbestimmtem Konsum. Sie besteht zum anderen in freier Kooperation – also in freiem Wirtschaften.

Diese Freiheit soll dadurch hergestellt werden, dass möglichst viele Bereiche der Gesellschaft wie Märkte geregelt werden. Der Staat soll so wenig wie möglich in die Leben der Individuen und in die Mechanismen des Marktes eingreifen. Er soll nur einschreiten, um einen freien Wettbewerb zu garantieren.

Neoliberale Denker:innen betonen zudem die wichtige Rolle von Wettbewerb: Dieser stellt ihnen zufolge eine effektive Verteilung von Gütern für die Gesellschaft sicher. Neoliberale Politiker:innen und Ökonom:innen vertreten dabei eine Reihe von Strategien, um Wettbewerb und Marktstrukturen auf andere Bereiche auszudehnen. Dazu zählt die Deregulierung oder Liberalisierung von bestehenden Märkten. Dort sollen staatliche Vorschriften und Normen, die die Produktivität von Märkten hemmen, so weit wie möglich abgeschafft werden. Eine weitere Strategie besteht in der Privatisierung von zuvor staatlichen Leistungen wie zum Beispiel dem öffentlichen Nahverkehr oder im Abbau von Wohlfahrtseinrichtungen wie dem Arbeitslosengeld.

Doch was haben die Bewegung des Neoliberalismus und ihre politischen Ziele mit persönlichen Beziehungen zu tun? Der Neoliberalismus ist wie gesagt nicht auf ein eng umschriebenes wirtschaftspolitisches Programm beschränkt. Um dieses Programm der Ausweitung des Marktes als notwendig und alternativlos erscheinen zu lassen, wird er begleitet von einer grundlegenden Erzählung über die Natur des Menschen. Dieser Erzählung zufolge zeichnet sich der Mensch besonders durch seinen Egoismus aus. Er ist immer darauf aus, seinen Nutzen zu maximieren. Mit anderen Menschen steht er deswegen immer im Wettbewerb. Auch unsere Gesellschaft besteht demnach letztendlich nur aus einer Ansammlung solcher egoistischer Nutzenmaximierer:innen. Die letzte Behauptung spiegelt sich in dem berühmten Satz der ehemaligen britischen Premierministerin und neoliberalen Ikone Margaret Thatcher: »There is no such thing as society.« So etwas wie eine Gesellschaft gibt es nicht, es gibt nur Individuen. Wenn Menschen laut dieser Erzählung auf sich gestellte Egoist:innen sind, gilt das nicht nur für die Sphäre der Wirtschaft oder die der Politik. Sie verhalten sich entsprechend diesem Menschenbild auch in Freundschaft und Liebe ausschließlich als egoistische Nutzenmaximierer:innen.

Die neoliberale Erzählung über die menschliche Natur entwickelt besondere Kraft durch ihren Verweis auf die Evolutionsgeschichte. Unsere heutigen psychischen Mechanismen werden demzufolge bestimmt durch unsere Stammesgeschichte. Aufgrund unserer evolutionären Entwicklung sind wir dazu programmiert, zu überleben und uns möglichst erfolgreich fortzupflanzen. Aus diesem Grund, so die Argumentation, verhalten wir uns auch heute noch grundlegend egoistisch und begeben uns in den Wettbewerb mit unseren Mitmenschen. Denn wir haben angeblich keine andere Wahl. Dies ist einfach unser Erbe.

Tatsächlich jedoch verweisen Autoren wie der amerikanische Philosoph Elliott Sober und der Evolutionsbiologe David Sloan Wilson[3] darauf, dass der Mechanismus, der ein Überleben der Nachfahren sichert, nicht Egoismus, sondern Altruismus ist – also ein direktes Sorgen um das Wohlergehen von anderen.

Besonders attraktiv ist die neoliberale Erzählung vom menschlichen Egoismus, weil sie *entzaubernd* wirkt. Sie ermöglicht es ihren Vertreter:innen, zu behaupten, dass andere sich in ihrem Selbstverständnis irren und einer Illusion unterliegen. Unsere Handlungen *scheinen* demnach nur so, als wären wir an anderen interessiert und hilfsbereit. Tatsächlich stellen sie jedoch nur einen weiteren Versuch dar, für uns Vorteile zu erwirken. Diese evolutionspsychologische Geschichte hat eine besondere Anziehungskraft, da sie nahelegt, dass man andere stets überführen kann, letzten Endes doch nur eigennützig zu handeln: »Du machst dein Ehrenamt in letzter Konsequenz doch nur, weil du dich dann als besserer Mensch fühlen kannst.«

Seine wissenschaftliche Verkörperung hat dieses neoliberale Menschenbild in der *Chicago School of Economics* – kurz: *Chicago School.* Deren Vertreter:innen, allen voran der Ökonom Gary Becker, betonen, dass ein ökonomisches Verständnis von Menschen nicht auf wirtschaftliche Zusammenhänge zu beschränken sei. Ihnen zufolge verstehen wir menschliches Handeln in jedem Bereich am besten, wenn wir es als ökonomisches Verhalten deuten. Das gilt für Eheschließungen genauso wie für die Entscheidung, Kinder zu bekommen, für die Nutzung von Bildungsangeboten oder das Begehen einer Straftat.[4] Die Denker:innen der *Chicago School* bieten dabei ein *universelles* Handlungsmodell an. Es gibt demnach eine einheitliche Grundlage für all unsere Handlungen, und die besteht darin, den eigenen Nutzen zu maximieren.

Unsere heutigen Wirtschaftswissenschaften sind entscheidend durch die Ideen der *Chicago School* geprägt. Teilweise betonen sie die *Modellhaftigkeit* ihres Menschenbildes. Ein ökonomisches Verständnis des Menschen ermögliche es ihnen, Verhaltensweisen wissenschaftlich präzise vorauszusagen. Zur selben Zeit beteuern sie, nichts über die *tatsächliche* Natur des Menschen zu sagen. Eine solche Behauptung ist jedoch paradox: Die Aufgabe von Sozialwissenschaften besteht nicht darin, Modelle und Als-ob-Annahmen über die menschliche Natur zu entwickeln, sondern die Wahrheit über diese herauszufinden. Auch der indische Wirtschaftswissenschaftler und Philosoph Amartya Sen[5] bemerkt, dass es doch einigermaßen merkwürdig sei, dass Ökonom:innen so viel Zeit und Anstrengung auf eine Theorie verwenden, bei der sie davon ausgehen, dass sie auf falschen ersten Prinzipien basiert, nämlich der Annahme eines grundlegenden menschlichen Egoismus. In der

Realität, so Sen, seien die Entscheidungen von Individuen auch durch eine Reihe weiterer Faktoren bestimmt: Verpflichtung, Moral, Mitleid und Parteinahme für Gruppen, denen wir angehören, sowie Verantwortung und Vertrauen.

Noch entscheidender ist zudem Folgendes: Unabhängig vom Kleingedruckten – also den Angaben zur vermeintlichen Modellhaftigkeit des wirtschaftlichen Menschenbildes – hat dieses Modell eine unglaubliche kulturelle Breitenwirkung entwickelt. Es gilt, was der Ökonom John Maynard Keynes (1883–1946) als Warnung formuliert: »The ideas of economists and political philosophers, both when they are right and when they are wrong, are more powerful than is commonly understood.«[6] Also: Die Ideen von Ökonom:innen und Staatsphilosophen, und zwar unabhängig davon, ob sie richtig oder falsch sind, haben einen größeren Einfluss, als man gemeinhin annimmt. Die Beobachtung im Rahmen des *Modells kultureller Einbettung* ist, dass das neoliberale Menschenbild nicht nur wirkmächtig ist, sondern unser landläufiges Verständnis von menschlichem Handeln fest im Griff hat.

Wenn Ideen in einer Gesellschaft eine derartige Wirkmacht entwickeln, dann spricht man von *kultureller Hegemonie* – also kultureller Vormachtstellung. Dieser Begriff geht auf den italienischen Philosophen und Marxisten Antonio Gramsci (1891–1937) und seine in den 1920er- und 1930er-Jahren verfassten *Lettere dal carcere* (dt. *Gefängnishefte*)[7] zurück. Gramsci führt dort den Begriff der kulturellen Hegemonie ein, um zu erklären, wie in kapitalistischen Gesellschaften das Bürgertum die Arbeiterklasse beherrschen kann, ohne dabei Gewalt einzusetzen. Seine Antwort: Entscheidend ist die Beherrschung durch eine Ideologie, die die kapitalistischen Verhältnisse als naturgegeben und unhinterfragbar erscheinen lässt.

Übertragen im Rahmen des *Modells kultureller Einbettung* bedeutet dies in unserem Zusammenhang, dass ein neoliberales Menschenbild ebendiesen Status der kulturellen Hegemonie längst erreicht hat. Eine ökonomische Lesart von menschlichem Verhalten ist dann so verbreitet, dass sie kaum noch auffällt. Sie erscheint als normal und selbstverständlich. Die Annahme, dass Menschen bereit sein können, einander auf uneigennützige Weise zu helfen, erscheint dagegen naiv oder gutgläubig und wird ohne weiteres Nachdenken sofort verworfen. Auf diese Weise wird ein humanistisches Menschenbild aus unserer Gesellschaft, aus unseren Köpfen und aus unserem Handeln verdrängt. In Studien der amerikanischen Psycholog:innen Dale Miller und Rebecca Ratner befürchteten die Proband:innen dementsprechend, als naiv abgestempelt zu werden, wenn sie sich in ihren eigenen Handlungsbegründungen und bei der Zuschreibung von Handlungsmotiven anderer Personen auf altruistische, also uneigennützige Motive beriefen. Sie überspielten und korrigierten diese in Richtung eines wirtschaftlich-egoistischen Menschenbildes.[8]

Was haben neoliberale Denker:innen davon, ein solches Menschenbild zu vertreten? Wie ist dies mit ihren wirtschaftspolitischen Forderungen verzahnt? Letztendlich lässt es sich auf eine einfache Formel herunterbrechen: Der Markt ist Ausdruck der menschlichen Natur. Wenn wir die Wirtschaft von äußeren, künstlichen Regeln befreien – wenn wir sie deregulieren –, dann kommt das letztendlich auch einer Befreiung der menschlichen Natur gleich. Wenn wir öffentliche Leistungen dem Markt überlassen – wenn wir sie privatisieren –, dann machen wir uns die menschliche Natur des Wettstrebens zunutze. Es wird öffentliche Ausschreibungen geben. Die konkurrierenden Anbieter:innen werden einander mit Angeboten unterbieten, um die lukrativen Aufträge zu gewinnen. Weil sie aufgrund ihrer menschlichen Natur ihren Nutzen maximieren wollen, werden sie diese öffentlichen Leistungen möglichst effektiv erbringen. Auf diese Weise können sie ihre Kosten niedrig halten und somit einen größeren Gewinn erzielen.

Auch die Forderung nach einer Reform des Wohlfahrtsstaates ist in diese Erzählung über die menschliche Natur eingebettet. Die Argumentation verläuft ungefähr so: Wenn Menschen Arbeitslosengeld erhalten, werden sie dafür belohnt, dass sie nichts tun. Ihre Kosten sind minimal, ihre Einkommen im Vergleich hoch. Sie werden sich dementsprechend in ihrer Situation einrichten und den Teufel tun, nach einem Job zu suchen. Der Wohlfahrtsstaat, der Arbeitslosigkeit eigentlich bekämpfen soll, stellt so die Arbeitslosigkeit selber her. Weil Arbeitslose auf diese Weise künstlich in ihrer Situation gebunden werden, entstehen zudem enorme Kosten für den Staatshaushalt. Um diese Situation zu vermeiden, sollte stattdessen die menschliche Natur genutzt werden: Menschen reagieren auf *Anreize*. Diese bestehen in der Aussicht auf Gewinne. Sie handeln zudem, wenn ihr eigener Nutzen gefährdet ist. Sie reagieren also auf *negative Anreize*.

Statt sie für ihre Arbeitslosigkeit zu belohnen, so die Argumentation, sollte man deswegen einfach die Sozialleistungen kürzen und deren Auszahlung zeitlich beschränken. Auf diese Weise soll die Arbeitslosigkeit so unangenehm gestaltet werden wie möglich und ein Anreiz entstehen, dieser zu entfliehen. Im Rahmen genau dieser Logik des *aktivierenden Sozialstaates* sind in Deutschland die sogenannten Hartz-Reformen durchgeführt worden.[9]

Die amerikanischen Soziolog:innen Margaret Somers und Fred Block zeigen, dass dieses Menschenbild bereits im England des frühen 19. Jahrhunderts bemüht wurde, um die sogenannten *Old Poor Laws* – ein jahrhundertealtes Programm zur Unterstützung von Bedürftigen – abzuschaffen. Somers und Block zeigen zudem, dass ein solcher aktivierender Sozialstaat keineswegs erfolgreicher in der Bekämpfung von Arbeitslosigkeit ist als ein Wohlfahrtsstaat. Sie unterstreichen jedoch, dass der Glaube an eine neoliberale Erzählung zur menschlichen Natur immun gegen diese Ergebnisse macht.[10]

Neoliberale Politik findet sich also immer eingebettet in ein Narrativ vom wahren Wesen der menschlichen Natur. Dort, wo neoliberale Politik dominiert, da herrscht auch ein neoliberales Menschenbild. Dies bedeutet wiederum, dass über *alle* menschlichen Beziehungen gedacht wird, als handelte es sich um wirtschaftliche Beziehungen. Denn genau das macht das neoliberale Menschenbild ja schließlich auch aus: Es ist universell und fundamental. Auf diese Weise sind dann auch unser Denken und Erleben von persönlichen Beziehungen in dieses Menschenbild eingebettet. Wir sind davon überzeugt, dass Freundschaften letztendlich Beziehungen sind, die sich durch eine gegenseitige Nützlichkeit auszeichnen. Wir sind davon überzeugt, dass es auch in Liebesbeziehungen darum geht, egoistische Präferenzen zu erfüllen.

Kulturelle Entwicklungen sind diffus, also vielgestaltig und ungeordnet. Sie werden zudem oftmals durch eine

Vielzahl von Faktoren bestimmt. Dass neoliberale Ideen heutzutage eine solche kulturelle Hegemonialität entwickeln konnten, ist jedoch nicht ganz zufällig. Im Gegenteil: Neoliberale Akteur:innen haben sich aktiv darum bemüht, ihr Gedankengut in einem selbst erklärten *Krieg der Ideen* in der Gesellschaft zu verbreiten.

Die Verbreitung neoliberaler Ideen

Neoliberale Überzeugungen über den Nutzen von freien Märkten oder die Notwendigkeit der Reform des Wohlfahrtsstaates waren nicht immer vorherrschend. Im Gegenteil: In der Frühphase des Neoliberalismus – in der Nachkriegszeit – waren sie ein Randphänomen. Tonangebend waren stattdessen sozialdemokratische, sozialistische oder christdemokratische Ideen. Deren gemeinsamer Nenner: Sie alle forderten einen starken Staat. Dass neoliberales Gedankengut mittlerweile selbstverständlich geworden ist, liegt nicht zuletzt daran, dass neoliberale Intellektuelle die Verbreitung dieser Ideen aktiv vorangetrieben und diesen Prozess professionalisiert haben.

Eine Schlüsselrolle nimmt dabei die *Mont Pèlerin Society* als ein früher Zusammenschluss neoliberaler Denker:innen ein. Dieter Plehwe und Bernhard Walpen[11] dokumentieren deren Geschichte und deren fortbestehenden Einfluss: Gegründet wird diese Gesellschaft im Jahr 1947 durch zwei neoliberale Vordenker: den österreichisch-britischen Ökonomen Friedrich August von Hayek (1899–1992) und den führenden Vertreter der *Chicago School*, Milton Friedman (1912–2006). Zu den Mitgliedern der *Mont Pèlerin Society* gehörten und gehören eine Vielzahl von Wissenschaftler:innen, Politiker:innen und Unternehmer:innen, darunter Karl Popper (1902–1994), Margaret Thatcher (1925–2013) sowie der Vater des deutschen Wirtschaftswunders und spätere Bundeskanzler Ludwig Erhard (1897–1977). Die *Mont Pèlerin Society* verfügt heute über ein Netzwerk von Tausenden Mitgliedern weltweit. Ihr Ziel war und ist die Unterstützung von neoliberalen Intellektuellen und neoliberaler Wissenschaft. Konkret ging und geht es zudem um die Verbreitung von neoliberalem Gedankengut, indem eigene Wissenszentren wie Institute, Stiftungen und Zeitschriften etabliert werden. Eine zentrale Rolle nimmt zudem ein damals relativ neues Instrument der Meinungsbildung ein: *Thinktanks*, auf Deutsch Denkfabriken, sind Institute, die politische, soziale und wirtschaftliche Programme entwickeln und Einfluss auf Politik und die öffentliche Meinung zu nehmen versuchen. Edwin Feulner, der Gründer eines der einflussreichsten und größten neoliberalen *Thinktanks* in den USA, der *Heritage Foundation*, beschreibt *Thinktanks* dementsprechend als Waffen in einem *Krieg der Ideen*. *Thinktanks* betreiben ein sogenanntes *Agenda Setting*: Sie versuchen zu beeinflussen, worüber gesprochen und worüber nicht gesprochen und auf welche Weise dies getan wird. Dies gelingt ihnen durch das gezielte Beeinflussen von Politiker:innen, Leitmedien und Meinungsmacher:innen.

Neoliberale *Thinktanks* sind dabei erfolgreich. Susan George[12] dokumentiert, dass das *Adam Smith Institute*, die einflussreichste neoliberale Denkfabrik Großbritanniens, über 200 Gesetzesinitiativen zur Privatisierung öffentlicher Institutionen unter der Regierung von Margaret Thatcher angestoßen hat. In den USA überreichte die *Heritage Foundation* der Reagan-Regierung nach ihrem Wahlsieg ein tausendseitiges Strategiepapier, das in großen Teilen direkt in Gesetze umgesetzt wurde. Der amerikanische Wirtschaftswissenschaftler und *New-York-Times*-Kolumnist Paul Krugman[13] zeichnet zudem ganz konkret nach, wie neoliberale *Thinktanks* durch die Herstellung und Verbreitung von Ideen Einfluss auf öffentliche Debatten nehmen. In der Diskussion über die Einführung einer Erbschaftssteuer in den USA führte die *Heritage Foundation* für die geplante Steuer einen neuen Namen ein: *Death Tax*, die Todessteuer. Durch die Arbeit der *Heritage Foundation* setzte sich dieser deutlich negativ konnotierte Name durch, bestimmte die Diskussionen und beeinflusste auf diese Weise die öffentliche Meinung. Eine Erbschaftssteuer wurde letztendlich nicht eingeführt: Denn wer will schließlich für den eigenen Tod Steuern zahlen? George weist zudem darauf hin, wer diese neoliberalen *Thinktanks* finanziert: große Unternehmen und mit diesen verbundene Familienstiftungen. Am Ende sind sie es, die von dem wirtschaftsliberalen Programm profitieren, das durch die *Thinktanks* popularisiert wird – wie an dem Beispiel der Unterminierung einer Erbschaftssteuer deutlich sichtbar wird. Analoges gilt auch für die Erzählung über die Eigenverantwortlichkeit von Individuen: Gesellschaftliche Privilegien und Benachteiligungen, die oftmals überindividuelle, soziale und politische Gründe haben, erscheinen dann als *verdient*. Dies erschwert das Formulieren einer Kritik, etwa im Zusammenhang mit Reichtum. Die Forderung einer Vermögenssteuer kann dann leicht als bloßer Ausdruck von Neid umgedeutet werden: »Hätten die Armen sich genauso angestrengt wie die Reichen, dann müssten sie auch nicht solche Forderungen stellen.« Eine solche Erschwerung der Einforderung von Gerechtigkeit und Umverteilung ist dabei wiederum im Sinne von Unternehmen und wohlhabenden Individuen.[14]

Neoliberale *Thinktanks* engagieren sich aber nicht nur für die Umsetzung konkreter politischer Maßnahmen. Plehwe und Walpen betonen, dass die *Mont Pèlerin Society* und das Netzwerk, das von ihr ausgeht, eine zusammenhängende, transparente Weltanschauung vertreten.[15] Die Bemühungen dieses neoliberalen Netzwerks zielen zudem nicht nur auf die politische Sphäre, sondern immer auch auf eine breite Öffentlichkeit. Grundlage ist dabei immer das erwähnte neoliberale Menschenbild, dem zufolge wir letztendlich immer eigeninteressiert und immer darauf aus sind, unseren Nutzen zu maximieren.

Im Rahmen des *Modells kultureller Einbettung* liegt es also nahe, auf den Gedanken zu kommen, dass neoliberale Ideen nicht zuletzt durch die aktiven Bemühungen von neoliberalen Akteur:innen Teil der allgemeinen Kultur werden. Dass eine Übernahme neoliberalen Denkens auch tatsächlich Einfluss auf das Leben von Personen hat, zeigt eine Studie des amerikanischen Wirtschaftswissenschaftlers Robert Frank und Kollegen.[16]

Frank untersuchte das Verhalten mehrerer Gruppen von Studierenden. Eine dieser Gruppen belegte Kurse in neoklassischer Ökonomie. Sie wurde also in neoliberalen Kernannahmen unterrichtet: Vernünftiges Handeln ist demnach ausschließlich solches, das den eigenen Nutzen maximiert. Die anderen Gruppen belegten Kurse jeweils zu Astronomie und zu institutioneller Ökonomie.

Die Forscher:innen baten die Studierenden, während des laufenden Semesters Situationen zu bewerten. Sie sollten zum Beispiel angeben, ob sie Geld, das sie zufällig gefunden hätten, zurückgeben würden. Studierende, die Kurse in neoklassischer Ökonomie belegten, zeigten dabei einen signifikant höheren Anteil an egoistischen Antworten. Im Vergleich zu den Studierenden im Fach Astronomie waren die Angaben der Studierenden im Fach Wirtschaft generell egoistischer. Sie waren auf diese Weise zudem ein Spiegel ihrer Lehrenden: In der Studie von Frank und Kollegen gaben Ökonomie-Professor:innen deutlich seltener als ihre Kolleg:innen an, Gelder an wohltätige Organisationen zu spenden.

Der französische Philosoph Michel Foucault (1926–1984) ist einer der herausragenden Vertreter eines *Modells kultureller Einbettung*. Er argumentiert, dass ein neoliberales Menschenbild nicht nur *Teil* unseres Selbstverständnisses ist. Foucault zufolge werden wir geradezu durch ein neoliberales Menschenbild *beherrscht*. Er argumentiert, dass die Bürger:innen spätmoderner Gesellschaften nicht durch Staatsgewalt, sondern durch ihre eigene Mentalität regiert werden. In diesem Zusammenhang prägte er den Begriff der *gouvernementalité* (dt. *Gouvernementalität*).[17] Neoliberale *Gouvernementalität* zeichnet sich dadurch aus, dass wir alle Lebensbereiche als durch ökonomische Regeln beherrscht wahrnehmen. Hinzu kommt, dass unser Verständnis aller menschlichen Handlungen und Beziehungen durch das Konzept des *Unternehmens* geprägt ist. Wir verstehen besonders uns selbst als ein Unternehmen, dessen Wert wir steigern müssen. Wir werden so zu *Humankapital*, das wir strategisch einsetzen und mithilfe von Kosten- und Nutzenkalkulationen zu erhöhen versuchen. Hierunter fallen dann auch unsere Beziehungen zu unseren Freund:innen und romantischen Partner:innen. Wir überlegen ständig, wie wir von ihnen profitieren können.

Foucault zeigt auf, wie wir durch ein kulturelles Denkmuster geprägt sind. Er zeigt uns aber auch (und hier schließt sich der Kreis zum *Abfärbungsmodell*), wie uns der Aufbau unserer Gesellschaft ebenfalls entscheidend formt. Unsere Institutionen wie Schule, Universitäten, Arbeit und Sozialstaat sind von neoliberalem Gedankengut geprägt. Auch sie formen uns auf diese Weise hin zu einem ökonomischen Selbstverständnis, das alle Lebensbereiche durchdringt.

In Bildungseinrichtungen sollen uns Fähigkeiten vermittelt werden, die auf dem Arbeitsmarkt verwertbar sind. Explizit geht es bei Bildung dann nicht mehr darum, dass Schüler:innen oder Studierende entdecken, verstehen und sich selbst erkennen, sondern um ein Investment in die eigene Zukunft.

Ähnliches gilt für die Arbeitswelt: In dieser müssen wir mit unseren Konkurrent:innen mithalten. Wir investieren in unsere Fort- und Weiterbildung und haushalten mit unseren Kräften, um auf der Karriereleiter weiter nach oben zu klettern.

Ein neoliberales Denkmuster zeigt sich auch im Rahmen des aktivierenden Sozialstaates. Auf der Suche nach neuer Arbeit und neuen beruflichen Perspektiven geht es um eine Verwertung unserer persönlichen Fähigkeiten und eine Investition in deren Verbesserung. Unsere Anlaufstelle ist eine *Agentur*, also eine Dienstleistungsstelle, die unsere Talente vermittelt – die Agentur für Arbeit.

Auch Therapie und Coaching formen uns auf diese Art. Hier geht es in einer neoliberalen Gesellschaft oftmals nicht um die Aufarbeitung und Entdeckung von Schichten des Selbst, sondern um eine Investition in Selbstfürsorge, um so im Wettbewerb noch konkurrenzfähiger zu werden.

Die Position, die ich hier als *Modell kultureller Einbettung* vorgestellt habe, erklärt eine ökonomisch geprägte Sichtweise auf persönliche Beziehungen also dadurch, dass unser Nachdenken generell durch eine neoliberale Weltanschauung beherrscht wird. Die Annahmen über eine grundlegend egoistische menschliche Natur, über die Unhinterfragbarkeit des Ziels der Profitsteigerung und der Natürlichkeit von Wettbewerb sind demnach derartig dominant, dass sie uns wie selbstverständliche Wahrheiten vorkommen. Sie bilden die Grundkoordinaten einer Alltagstheorie, mit der wir über unsere Mitmenschen und unsere Beziehungen nachdenken.

Vielleicht haben Sie eine Vorstellung davon gewinnen können, was es bedeutet, wenn wir unsere Freundschaften und Liebesbeziehungen wie ökonomische Beziehungen führen. Man kann dabei mit Blick auf eine solche Tendenz ein mulmiges Gefühl bekommen. Doch welche vernünftigen Gründe, die über ein solches Bauchgefühl hinausgehen, untermauern, dass eine Ökonomisierung persönlicher Beziehungen schlecht ist? Diese Gründe sollen im Folgenden entwickelt werden.

Wieso ist die Ökonomisierung von persönlichen Beziehungen schlecht?

Auf die Frage »Wieso ist die Ökonomisierung von persönlichen Beziehungen schlecht?« eine Antwort zu geben, ist gar nicht so einfach. Wieso sollte ich meine Freundschaft *nicht* wie eine Geschäftsbeziehung führen? Letztendlich bleibt es doch jeder Person selber überlassen, wie sie ihr Leben führt und welche Form ihre Beziehungen annehmen.

Im Folgenden wird es deshalb zuerst einmal darum gehen, was verloren geht, wenn wir unsere Freundschaften und Liebesbeziehungen wie ökonomische Beziehungen führen. Von diesem Aspekt ausgehend, werde ich dann versuchen, zu zeigen, was genau an einer Ökonomisierung des Persönlichen problematisch ist.

Verlust von Verbundenheit

Wenn wir unsere Freundschaften und Liebesbeziehungen unserem persönlichen Profitstreben unterordnen, wenn wir sie instrumentalisieren und dies für normal halten, dann hat das zur Konsequenz, dass wir bestimmte zwischenmenschliche Erfahrungen nicht mehr machen können. Es wird schwieriger, Verbundenheit mit anderen zu erleben.

Weit oben auf der Liste dieser verlorenen Erfahrungen ist Dankbarkeit. Wenn unsere persönlichen Beziehungen durch Äquivalenztausche geprägt sind, dürfte Folgendes passieren: Wenn ein:e Freund:in etwas für uns tut, bedeutet dies, dass wir ihm oder ihr im Gegenzug etwas schulden. Um wieder quitt zu werden, müssen wir eine gleichwertige Handlung erbringen. Wir sind festgelegt auf diesen Zustand der Unfreiheit. Wir wollen uns aus ihm lösen. Wir haben in diesem Moment zudem vermutlich nicht die Möglichkeit, eine solche Gegenleistung zu erbringen. Wir verharren deswegen in diesem unangenehmen Erleben. Dieser Zustand wird in der psychologischen Forschung als *indebtedness* bzw. Verschuldung bezeichnet.[1] *Indebtedness* unterscheidet sich grundlegend von Dankbarkeit. Dankbarkeit ist ein *freudiges* Gefühl über die Unterstützung, die man von einer anderen Person erhalten hat, sowie über die Verbundenheit mit dieser Person.

Neben dem Problem des Äquivalenztauschs gibt es noch einen weiteren Grund, der dafür spricht, dass wir in ökonomisierten Beziehungen das Erleben von Dankbarkeit einbüßen. Psychologische Studien weisen darauf hin, dass die Erfahrung von Dankbarkeit abhängig ist von der Wahrnehmung der uneigennützigen Motivation des oder der Unterstützenden.[2] Hier ist jedoch der entscheidende Punkt: In ökonomisierten Beziehungen gehen wir grundlegend davon aus, dass andere egoistische Ziele verfolgen. Es ist deswegen unwahrscheinlich, dass wir unseren Freund:innen und Partner:innen uneigennützige Absichten zuschreiben. Aus diesem Grund ist es unwahrscheinlich, dass wir Dankbarkeit erleben. Stattdessen erfahren wir das unangenehme Gefühl von Verschuldung. Wir konzentrieren uns auf uns selbst bzw. auf den Mangel, den wir ausgleichen müssen. Wir erfahren ein Gefühl von Bedrängnis, Unbehagen und Unruhe. Das positive Erleben von Verbundenheit mit der anderen Person kommt uns abhanden.

Das Annehmen von Hilfe sieht sich in ökonomisierten Beziehungen mit weiteren Schwierigkeiten konfrontiert: Im Rahmen eines ökonomisierten Menschenbildes verstehen wir uns wie angedeutet immer und ausnahmslos als Unternehmer:innen. Entscheidend für unseren Selbstwert ist deswegen unsere Leistungsfähigkeit. Wenn wir jedoch auf die Hilfe oder Unterstützung von anderen Personen angewiesen sind, steht dieses Bedürfnis im Konflikt mit unserem Erleben von Selbstständigkeit. Unser Marktwert sinkt dann im Gegensatz zu demjenigen unserer Freund:innen oder Partner:innen, die nicht nur ihr eigenes Leben managen, sondern nebenbei auch noch uns unterstützen. Wenn uns die Dankbarkeit abhandenkommt, verlieren wir damit also auch die Möglichkeit, unsere Angewiesenheit auf andere als etwas Gutes und Schönes zu erleben. Wir bleiben stattdessen Einzelkämpfer:innen. Wir fühlen uns schlecht, wenn wir die Hilfe anderer benötigen, und bemühen uns, schnellstmöglich wieder auf eigenen Beinen zu stehen.

Ähnliches trifft in Bezug auf romantische Beziehungen zu. Auch hier machen wir häufig die Erfahrung, auf die andere Person angewiesen zu sein. Wir brauchen deren Aufmerksamkeit, deren Zuneigung, deren Gegenwart, deren Liebe. Im Kontext eines neoliberalen Selbstverständnisses ist dies aber per se etwas Schlechtes. Es wird zu einer Abhängigkeit, die in Konflikt mit der persönlichen Freiheit steht. Natürlich kann es so etwas wie eine *schädliche* Abhängigkeit in Liebesbeziehungen geben. Wenn jedoch in ökonomisierten persönlichen Beziehungen *jegliche* Form von Angewiesenheit auf den oder die Partner:in als schlecht eingestuft wird, hat dies Folgen. Wir büßen das Erleben ein, durch eine andere Person gehalten und emotional genährt zu werden. Wir büßen die positive Bejahung des Erlebens ein, dass wir andere Personen brauchen. Auch diese Verluste tragen zu einer Vereinzelung bei.

Wenn wir in zunehmend ökonomisierten Beziehungen jegliche Abhängigkeit von anderen ablehnen, leidet unser Erleben von Bindung also fundamental. Emotionale Bindung ermöglicht es, Sicherheit, Geborgenheit, Verlässlichkeit und Bezogenheit in der Beziehung zu wichtigen Personen zu erleben. Im Rahmen eines ökonomisierten Selbstverständnisses ist die Bindung an andere Personen eine Einschränkung meiner Freiheit und Flexibilität. Eine Verpflichtung gegenüber anderen Personen ist ein Hindernis für meine Selbstrealisierung. Bindung ist demnach ein Hemmnis für mein persönliches Wachstum – um hier bewusst ökonomisiertes Vokabular zu nutzen.

Zwei Beispiele: Ich habe die Möglichkeit, die nächste Stufe auf der Karriereleiter zu erklimmen, und muss dafür ins Ausland gehen. Meine Freund:innen sind entsetzt und traurig. Wenn ich Bindung als etwas Einschränkendes erlebe, kann ich dies nicht als Zeichen von Liebe und Verbundenheit verstehen, sondern fühle mich eingeschränkt und unter Druck gesetzt.

Ähnliches gilt für sich anbahnende romantische Beziehungen. Sich auf eine Person einzulassen bedeutet dann, andere, möglicherweise lukrativere Angebote auszuschließen. Man könnte ja mit jemand noch Attraktiverem zusammenkommen, noch besseren Sex haben, noch tiefere Gespräche führen – und das sind alles gute Gründe dafür, sich lieber gar nicht erst zu binden. Auf der Jagd nach dem optimalen Deal bringt man sich um bedeutungsvolle Beziehungserfahrungen und ist vielleicht am Ende nie zufrieden oder bleibt alleine.

Eine ökonomisierte Form von Beziehung beraubt uns also wichtiger Aspekte von Verbundenheit zu anderen. Hinzu kommt, dass wir uns in unserer Rolle als Freund:in oder Partner:in nicht mehr sicher fühlen können. Unterliegen Freundschaften und Liebesbeziehungen einem generellen Profitstreben, droht uns eine unaufhörliche und unausweichliche Evaluation: Bringt unsere Zuneigung, unsere Persönlichkeit, unser Humor noch genügend Genuss, Spaß, Unterhaltung in der Freundschaft oder Partnerschaft? Oder hat sich dieses Potenzial aufgebraucht?

Ein solcher Bewertungs- und Leistungsdruck erschwert es jedoch, sich in einer Beziehung fallen lassen zu können. Ein solches Erleben macht es zudem unwahrscheinlich, dass wir uns durch den anderen oder die andere angenommen fühlen und dass Intimität entsteht. Offenbaren wir unsere Bedürfnisse und Wünsche, unsere Eigenarten und Fehler, machen wir uns schließlich gegenüber unseren Partner:innen und Freund:innen verletzlich. Wir müssen uns sorgen, dass Eigenschaften, mit denen wir uns in Beziehungen anvertrauen, ausschlaggebend für eine negative Evaluation und damit für Ablehnung sind.

Wenn Freundschaften und Liebesbeziehungen auf die Erfüllung unserer eigenen Wünsche und Bedürfnisse ausgerichtet sind, dann hat das eine weitere Konsequenz: Wer genau diese Präferenzen erfüllt, ist letztlich unwichtig. Unsere Partner:innen und Freund:innen werden mit Blick auf diese Funktion vergleichbar und vor allem *austauschbar*. Wenn wir berufsbedingt ins Ausland gehen, fühlen wir uns zunächst einsam. Wir vermissen unsere

Freund:innen. Wir finden dann aber neue Menschen und damit einen Ersatz. Dann haben wir wieder genügend Sozialkontakte und können unsere Work-Life-Balance wiederherstellen. Wenn wir unsere Freund:innen und Partner:innen als Erfüller:innen unserer derartigen Präferenzen wahrnehmen, bedeutet dies mit anderen Worten, dass wir sie nicht in ihrer Einzigartigkeit erleben. Dies widerspricht besonders unseren Vorstellungen von Liebe – schließlich wollen wir doch eigentlich bestimmte und nicht irgendwelche Personen lieben. Wir wollen sie zudem gerade *für* ihre bestimmten Eigenschaften lieben. Eine ökonomisierte Art zu lieben und Freundschaften zu führen steht aber in Spannung mit diesem Bedürfnis. Wir hören dann auf, andere Menschen in ihrem eigenen Wesen zu erleben und anzuerkennen. Stattdessen geht es um eine Bewertung anderer im Rahmen unserer egoistischen Zwecke. Wir suchen immer und immer weiter nach dem besten Angebot.

Besonders offensichtlich wird solch ein Verhalten auf dem Dating-Markt. Hier gehen wir sogar so weit, Personen Nummernwerte zuzuordnen, die deren Attraktivität widerspiegeln sollen. Das zeigt sich insbesondere beim Gebrauch von Dating-Apps, die nahelegen, dass uns immer eine sehr große Anzahl an potenziellen Partner:innen gleichzeitig zur Verfügung steht. Dies unterscheidet sich nur unwesentlich von einem Online-Einkauf mit Produktvergleich. Ich kann die Profile der anderen Menschen miteinander vergleichen, wie ich Laptops, Kühlschränke oder Winterjacken miteinander vergleiche, und mich dann entscheiden. Oder ich kann sogar mehreren Personen gleichzeitig schreiben und mich mit ihnen treffen und dann überlegen, wer mir am besten gefällt und in wen ich mehr Zeit und Mühe investieren möchte.

Wir verlernen auf diese Weise, uns auf andere Personen mit ihren spezifischen Eigenschaften und Bedürfnissen wirklich einzulassen. Wir verlernen zudem, mit Qualitäten unserer Freund:innen und Partner:innen umzugehen, die unseren Präferenzen nicht entsprechen und die uns herausfordern könnten. Und umgekehrt werden auch wir auf diese Weise als Objekt konsumiert und nicht als spezifische Personen anerkannt.

Wenn wir wiederum als Freund:innen und Partner:innen die Funktion der Erfüller:innen von Präferenzen anderer übernehmen und in dieser Rolle vergleichbar und austauschbar sind, bedeutet dies für uns natürlich auch, dass wir ständig mit anderen Freund:innen oder (potenziellen) Partner:innen im Wettbewerb stehen. Wir müssen uns sorgen, dass sie in irgendeiner Hinsicht attraktiver sind als wir und wir womöglich durch diese Personen ersetzt werden. Das kann Argwohn und möglicherweise Eifersucht gegenüber unseren Konkurrent:innen provozieren. Wir leiden dann unter Verlustangst gegenüber unseren Partner:innen und Freund:innen und stehen permanent unter Druck und Stress.

Stark eingeschränkt werden unsere Beziehungen zudem durch unsere Zuschreibung von Absichten im Vorhinein. In ökonomisierten Beziehungen gehen wir immer davon aus, dass unsere Freund:innen und Partner:innen gar nicht anders können, als egoistisch motiviert zu sein. Wenn wir hiervon wirklich überzeugt sind, dann können wir uns gar nicht vorstellen, dass sie uns nur aus dem Grunde helfen könnten, weil sie uns unterstützen wollen. Wir müssen glauben, dass sie dies nur tun, weil sie irgendetwas davon haben. Unter diesen Bedingungen fällt es jedoch schwer, sich angenommen und sicher zu fühlen.

Ähnliches gilt aber auch für unsere eigenen Absichten: Wenn wir uns fragen, wieso wir mit bestimmten Personen befreundet sind oder mit ihnen eine Beziehung führen, dann werden die Antworten durch unser ökonomisiertes Menschenbild geprägt: Wir müssen davon ausgehen, dass wir mit ihnen befreundet oder liiert sind, weil auch wir hiervon profitieren. Wir werden uns in all unseren Handlungen an diesem Prinzip orientieren. Wir investieren dann in freundschaftliche und partnerschaftliche Beziehungen, um im Gegenzug etwas von diesen zu haben. Und uns geht dabei viel verloren. Die Möglichkeit, etwas für eine andere Person einfach nur um derentwillen zu tun, wird verdrängt. Der Psychoanalytiker und Philosoph Erich Fromm (1900–1980) macht in genau diesem Sinne darauf aufmerksam, wie sich die Bedeutung des *Gebens* in eigennützigen und uneigennützigen Beziehungen unterscheidet.[3] Bei instrumentellen Handlungsabsichten ist *geben* gleichbedeutend mit *aufgeben*. Es entsteht ein Verlust, der nur als Investition mit späterer Rückzahlung legitimiert werden kann. Ein liebevolles Geben ist im Gegensatz dazu in Fürsorge verwurzelt. Es ist mit empathischer Freude darüber verbunden, dem oder der anderen etwas Gutes zu tun. Auch hier geht also die Möglichkeit verloren, eine Verbundenheit mit einer anderen Person zu spüren. Wenn wir all unsere eigenen Handlungen als egoistisch verstehen, verlieren wir den Zugang zu unseren uneigennützigen Absichten. Oder anders ausgedrückt: Wir verlieren die Fähigkeit, unserer Selbstbezogenheit zu entkommen.

Dies gilt besonders für den Akt des *Schenkens*. In ökonomisierten Beziehungen wird die Absicht, anderen eine Freude zu machen, durch ein Prinzip des Austauschs ersetzt. Die Kenntnis der Wünsche des oder der anderen hat hier ausschließlich eine instrumentelle Funktion: Sie eröffnet die Möglichkeit, gewinnbringend zu investieren und am Ende einen Profit zu erwirtschaften. Eine solche Haltung unterscheidet sich jedoch ganz grundlegend von dem Bedürfnis danach und der Freude daran, einer anderen Person etwas Gutes zu tun. Ein Verlust einer solchen Bezogenheit ist jedoch ein weiterer Faktor in einer fortschreitenden Vereinzelung mit Verlust von Lebendigkeit. Der Philosoph und Soziologe Theodor W. Adorno (1903–1969) dürfte dies im Sinn gehabt haben, wenn er in seinen *Minima Moralia* schreibt: »Alle nicht entstellte Beziehung, ja vielleicht das Versöhnende am organischen Leben selber, ist ein Schenken. Wer dazu durch die Logik der Konsequenz unfähig wird, macht sich zum Ding und erfriert.«[4]

Das Führen von Freundschaften und insbesondere Liebesbeziehungen als Tauschbeziehungen isoliert uns auf grundlegende Weise voneinander. In unseren Rollen als gegenseitige Tauschpartner:innen und Dienstleister:innen tun wir einander Gefallen, um im Gegenzug unsere Bedürfnisse und Wünsche erfüllt zu bekommen. Bei dieser kühlen Art von permanenter Kalkulation bleiben wir grundlegend voneinander getrennt. Wir behalten einen Überblick darüber, wie ausgeglichen oder ungleich sich unsere Leistungen zueinander verhalten. Unser Erleben bleibt auf uns selbst bezogen: Was schulde ich und was steht mir zu? Ein Wir-Gefühl, ein Erleben von Einheit, kann sich unter diesen Bedingungen nicht einstellen. Auch in Liebesbeziehungen – also an den Orten, an denen wir versuchen, anderen näherzukommen – bleiben wir auf diese Art einsam und alleine.

Leid und Sprachlosigkeit

Wenn unsere persönlichen Beziehungen ökonomisiert werden, verlieren wir nicht nur an Möglichkeiten, uns mit unseren Freund:innen und Partner:innen verbunden zu fühlen. Eine Ökonomisierung von persönlichen Beziehungen kann darüber hinaus auch auf direktere Weise Leid erzeugen. Durch ihre weite Verbreitung sind wir aber möglicherweise so sehr an diese Art der Beziehungsgestaltung gewöhnt, dass wir Schwierigkeiten haben, überhaupt einen *Ausdruck* für dieses Leid zu finden.

Wie kann man sich das vorstellen? Wenn unsere persönlichen Beziehungen ökonomisiert werden, bedeutet das, dass sie durch instrumentelle Absichten und kalkulierendes Verhalten dominiert werden. Es häufen sich also Erfahrungen, im Rahmen derer wir für die egoistischen Zwecke anderer Personen genutzt werden. Wir fühlen uns ausgenutzt und in unseren persönlichen Bedürfnissen verkannt. Gleichzeitig sorgt eine Ökonomisierung persönlicher Beziehungen dafür, dass egoistisches Verhalten *normalisiert* wird. Das liegt daran, dass ein solches Verhalten im Rahmen eines neoliberalen Menschenbildes als unumgänglich erscheint. Angenommen, dass wir derartiges Verhalten als selbstverständlich hinnehmen: Wie können wir dann zum Ausdruck bringen, dass wir uns ausgenutzt, lieblos oder rücksichtslos behandelt fühlen? Uns fehlen die Möglichkeiten, uns und anderen zu erklären, wieso wir nicht so behandelt werden dürfen.

Besonders relevant wird eine solche Dynamik bei der Beendigung von Beziehungen. Werden Freundschaften und Liebesbeziehungen ökonomisiert, wird Profitmaximierung zu deren einzigem Imperativ und Lust zu deren Letztbegründung. So können Situationen entstehen, in denen Freundschaften und Liebesbeziehungen beendet werden, weil sich lukrativere Alternativen auftun: Es ergibt sich die Möglichkeit, mit einer besser aussehenden, jüngeren oder reicheren Person eine neue Beziehung zu führen oder mit abenteuerlustigeren Freund:innen Zeit zu verbringen. Wenn jemand auf dieser Basis eine Beziehung zu mir beendet oder ein Freund sich aus solchen Gründen nicht mehr für mich interessiert, ist das schmerzhaft. Ich habe das Gefühl, fallen gelassen zu werden. Ich fühle mich aussortiert und ersetzt. Gleichzeitig habe ich Schwierigkeiten, dem oder der Partner:in oder Freund:in einen Vorwurf zu machen. Schließlich bin auch ich das ökonomisierte Denken gewöhnt und muss akzeptieren, dass wir natürlicherweise alle darauf aus sind, unseren Nutzen zu maximieren. Wir müssen im Rahmen eines neoliberalen Menschenbildes damit leben, dass es so nun einmal funktioniert: Jeder und jede versucht für sich das Beste herauszuholen – auch in persönlichen Beziehungen. Unser Schmerz bleibt auf diese Weise formlos.

Wir müssen im Rahmen ökonomisierter Beziehungen sogar kommentarlose Abbrüche unserer Freundschaften und Liebesbeziehungen akzeptieren. Dann, wenn Freund:innen oder Partner:innen uns *ghosten*, also gar nicht mehr auf unsere Nachrichten antworten, nicht einmal mehr erklären, dass, geschweige denn, wieso sie die Beziehung zu uns beendet haben. Im Rahmen eines ökonomischen Menschenbildes müssen wir ein solches Verhalten hinnehmen. Wie bei Konsument:innen erscheint es uns dann normal, dass unsere Partner:innen und Freund:innen ihre Entscheidungen lustbasiert treffen – und dass diese Entscheidungen dann auch nicht weiter hinterfragbar sind. Vermutlich sind wir aber gleichzeitig über ein solches kommentarloses Ende von Beziehungen geschockt, frustriert, wütend und suchen nach Erklärungen hierfür. Unsere verletzten Gefühle und unsere Ansprüche können wir aber kaum zum Ausdruck bringen. Verstehen wir unsere Freund:innen und Partner:innen letztendlich als Marktakteur:innen, dann kann ihr Handeln nicht weiter hinterfragt werden, und wir bleiben allein mit unartikulierten Fragen und unausgesprochenem Leid.

Auch illoyales Verhalten kann ich im Rahmen von ökonomisierten Beziehungen nur schwer kritisieren. Nehmen wir an, ich durchlaufe eine Phase, in der es mir schlecht geht und ich für lange Zeit traurig bin. Eine Freundin beschließt dann, anstatt sich um mich zu kümmern, lieber Zeit mit anderen Freunden zu verbringen, mit denen sie mehr Spaß haben wird. Im Rahmen einer ökonomisierten persönlichen Beziehung kann ich ihr kaum Vorwürfe machen. Schließlich muss ich akzeptieren, dass alle, und damit auch meine Freundin, darauf aus sind, ihren Nutzen zu maximieren. Ich muss auch einsehen, dass meine Traurigkeit eher dazu führt, dass ich meinen Nutzen für das Gegenüber reduziere. Auch mit Blick auf unsere jeweiligen Beiträge zur Freundschaft muss ich mir eingestehen: Sie hat in letzter Zeit viel mehr für mich getan als ich für sie.

Sie hat sich um mich gekümmert, das war anstrengend. Ich hingegen habe gar nichts für sie getan, ich war nur deprimiert. Vermutlich habe ich ihr durch meine schlechte Laune noch einen zusätzlichen Schaden zugefügt, sie heruntergezogen. Meine Freundin hat deutlich mehr investiert, als sie von mir zurückbekommen hat. Höchstens kann ich auf Anstrengungen verweisen, die ich in der Vergangenheit erbracht habe und die ich nun in Form von Fürsorge zurückgezahlt bekommen möchte. Wenn ich aber keine solche vorherige Investition getätigt habe, dann muss ich die Illoyalität meiner Freundin eben hinnehmen. Ich kann es ihr deswegen nicht verübeln, dass sie mich im Stich lässt. Ich kann ihr Verhalten nicht als *unfreundschaftlich* beschreiben. Umso mehr schmerzt es mich, ihre Hilfe nicht zu haben. Dieser Schmerz muss mir dann aber als irrational und unbegründet erscheinen.

Ähnliches gilt für Irritationen darüber, dass eine Freundschaft oder eine Liebesbeziehung für die andere Person nur eine pragmatische Funktion hat. Instrumentelle Motive, Transaktionalität und kalkulierendes Verhalten sind typische Eigenschaften von ökonomisierten Beziehungen: Wir machen vermehrt die Erfahrung, dass unsere Freund:innen oder Partner:innen nicht direkt an uns interessiert sind, sondern die Beziehung für sie einfach nur nützlich ist. Sie haben in uns einen oder eine Partner:in, mit dem oder der sie sich schmücken, in den sozialen Medien inszenieren und in der Öffentlichkeit sehen lassen können. Sie haben mit uns jemanden, von dem sie sich zum Essen einladen lassen können. Sie unterstützen uns, weil sie sich davon berufliche Vorteile versprechen. Sosehr uns dieses berechnende Verhalten stören mag, so fehlt uns im neoliberalen

Menschenbild doch die Sprache, um unser Erleben zu beschreiben. Unsere ökonomisierten Begriffe von Freundschaft und Liebe legen uns schließlich nahe, dass menschliche Beziehungen nun mal so funktionieren.

Eine Ökonomisierung von persönlichen Beziehungen bedeutet also in zweierlei Hinsicht einen Verlust:

1. Wir verlieren die Möglichkeit, egoistische Haltungen und Handlungen in Freundschaften und romantischen Beziehungen zu kritisieren. Sie erscheinen uns zwangsläufig als normal und unvermeidbar. Uns fehlen die Sprache und die Konzepte, um unser Erleben verständlich zu machen und dieses als berechtigt auszuweisen. Wir bleiben dann nicht nur mit der Frustration darüber zurück, dass wir unserem Erleben keinen Ausdruck verleihen können, sondern auch mit dem im wahrsten Sinne des Wortes wortlosen Schmerz darüber, nicht in unserem Wesen anerkannt, sondern für die Zwecke des anderen genutzt zu werden.
2. Wir verlieren in ökonomisierten Beziehungen an Möglichkeiten, uns mit Freund:innen und Partner:innen verbunden zu fühlen. Statt Dankbarkeit erleben wir ein Gefühl von Verschuldung. Unsere Angewiesenheit auf andere erfahren wir als etwas Schlechtes. Auch in Liebesbeziehungen dürften wir dann Schwierigkeiten haben, unser Bedürfnis nach Liebe, Zuneigung und Fürsorge und damit unsere Abhängigkeit von dem oder der anderen als etwas Positives zu erleben. Wir fürchten Bindung und büßen Geborgenheit ein. Wir müssen uns konstant sorgen, evaluiert und ersetzt zu werden. Deswegen vertrauen wir uns dem oder der anderen gar nicht erst

mit unseren Ecken und Kanten an. Unsere Konzentration darauf, ob unsere eigenen Präferenzen erfüllt werden oder nicht, macht es eher unwahrscheinlich, dass wir unsere Freund:innen und Partner:innen angemessen wahrnehmen und einen guten Kontakt zu ihnen entwickeln. Generell erfahren wir unsere Beziehungen als konditional: Gegenliebe finden wir hier nur, wenn wir selber liefern. Auch mit Blick auf unser eigenes Handeln verkennen wir unsere Absichten. Wir verlieren so die Möglichkeit, uns uneigennützig auf andere zu beziehen. Geben wird zum Aufgeben, Schenken zur Investition. Die Strukturierung insbesondere unserer Liebesbeziehungen in Form eines Tauschs bedeutet zudem, dass wir letztlich immer getrennte Handelspartner:innen bleiben und uns das verwehrt wird, nach dem wir möglicherweise suchen: echte Verbundenheit und zwischenmenschliche Berührung.

Die Ökonomisierung persönlicher Beziehungen ist noch aus einem weiteren Grund problematisch. Sie ist Ausdruck einer Fremdbestimmung unseres Denkens und unseres Erlebens bezogen auf uns selbst und auf unsere engsten Beziehungen.

Das neoliberale Menschenbild als fremdbestimmtes Selbstverständnis

Neben dem Verlust von zwischenmenschlicher Verbundenheit und der Schwierigkeit, erlebtes Unrecht zum Ausdruck zu bringen, ist die Ökonomisierung persönlicher Beziehungen aus einem weiteren Grund problematisch: Sie ist ein Ausdruck der Ausweitung gesellschaftlicher Machtverhältnisse auf unsere Fähigkeit, uns selbst und unsere Beziehungen zu unseren Mitmenschen zu verstehen. Unser Leben wird nicht nur im Rahmen der Wirtschaft und der Arbeit durch kapitalistische Interessen und Dynamiken bestimmt. Kapitalistische Machtverhältnisse beeinflussen dann auch, wie wir über uns selbst und unsere intimsten Beziehungen nachdenken, wie wir über diese sprechen und – in der Folge – wie wir diese leben. Es bleibt nicht dabei, dass wir in einem Wirtschaftssystem leben, in dem Kapital und Produktionsmittel und damit Macht ungleich verteilt sind. Die Ökonomisierung persönlicher Beziehungen ist darüber hinaus ein Ausdruck von Machtverhältnissen, die sich über das Materielle hinaus bis ins Mentale erstrecken. Beherrscht werden damit auch unser Selbstverständnis und unser soziales Erleben. Diese Macht bestimmt die Grenzen von dem, was wir als möglich oder gut und wertvoll imaginieren können. Mit der englischen Philosophin Miranda Fricker[5] lässt sich diese Macht als *hermeneutische Macht* beschreiben, also als Macht, die die Möglichkeit des *Verstehens* betrifft. Wenn Begriffe, die einen Zusammenhang beschreibbar machen, systematisch fehlen oder uns vorenthalten werden, dann ist dieser Zusammenhang für uns grundlegend nicht zu verstehen. Fricker illustriert diese Tatsache am Beispiel von sexueller Belästigung von Frauen: Erst als man diese Dynamik als solche benennen konnte, konnte sich Widerstand formieren. Dass die entsprechenden Begrifflichkeiten hierfür lange Zeit gefehlt haben, führt Fricker wiederum auf die eingeschränkte hermeneutische Macht von Frauen zurück – sie konnten oftmals keine aktive Rolle in der Gestaltung des gesellschaftlichen Diskurses einnehmen. Ihre Anliegen haben deswegen kaum Berücksichtigung gefunden und blieben auf diese Weise ohne begriffliche Form. Die Diagnose, dass unser Selbstverständnis und unsere Sprache bis hin zu dem Erleben von persönlichen Beziehungen durch kapitalistische Kräfte dominiert werden, lässt sich dann als eine Form *hermeneutischer Ungerechtigkeit* beschreiben. Die Werkzeuge, die wir haben, um uns selbst und andere zu verstehen, werden durch andere und nicht durch uns geprägt. Das bedeutet konkret: Die Art, wie wir über Beziehungen sprechen, und unsere Alltagstheorien über Freundschaft, Liebe und menschliches Verhalten wurden durch neoliberale Kräfte massiv beeinflusst und geprägt.

Kapitalistische und neoliberale Strukturen haben entsprechend dieser Analyse Macht über unser Selbstverständnis gewonnen. Sie bestimmen, wie wir über Menschen im Allgemeinen und über unsere persönlichen Beziehungen im Besonderen nachdenken, wie wir diese verstehen. Von den Verstehens- und Ausdruckslücken sind auch die kapitalistischen Akteur:innen selbst betroffen. Dennoch profitieren sie von der Dominanz eines neoliberalen Menschenbildes. Dieses soll schließlich marktwirtschaftliche Prozesse legitimieren und deren Gültigkeit ausweiten. Wir identifizieren uns aufgrund der kulturellen Vorherrschaft kapitalistischer Kräfte mit einem neoliberalen Menschenbild. Dadurch, dass unser Denken und unser Handeln in dieses Menschenbild eingebettet sind, schaffen wir selbst die Beweise für dessen vermeintliche Richtigkeit. Die Annahme eines universellen Egoismus wird in unserer alltäglichen Praxis zu einer sich selbst erfüllenden

Theorie. Dies hat wiederum Rückwirkung auf unsere Wahrnehmung der Ausbreitung von marktwirtschaftlichen Prozessen. Privatisierung, Deregulierung und eine Ausbreitung von Käuflichkeit erscheinen uns im Licht eines neoliberalen Menschenbildes als natürlich und folgerichtig. Schließlich meinen wir, aus eigener Erfahrung zu wissen, dass Menschen durch Wettbewerb und Profitstreben bestimmt sind. Hermeneutische Macht steht auf diese Weise in einer Wechselwirkung mit materieller Macht. Wenn wir auf Basis unseres neoliberalen Menschenbildes eine Entfesselung der Wirtschaft für folgerichtig halten, dann bedeutet das auch einen Machtausbau wirtschaftlicher Kräfte.

Eine Ökonomisierung persönlicher Beziehungen lässt sich demnach als Teil einer Ideologie beschreiben. Diese lässt uns Marktwirtschaft und Kapitalismus schlechthin als natürlich und alternativlos erscheinen. Sie erleichtert deswegen unsere Teilnahme an diesen Strukturen und verringert die Möglichkeiten, gegen diese Kritik zu üben und Widerstand zu leisten. Das liegt nicht zuletzt daran, dass ein neoliberales Menschenbild uns Erfahrungsräume verstellt, die Alternativen zu kapitalistischen Dynamiken vorstellbar und erlebbar machen.

Wie können wir uns von einer Ökonomisierung persönlicher Beziehungen befreien?

Wenn wir akzeptieren, dass die Ökonomisierung unserer persönlichen Beziehungen schlecht für uns ist, dann stellt sich die Frage, wie wir mit dieser Einschätzung umgehen sollen. Meine Antwort lautet: Es liegt in unserem Interesse, uns gegen diese Dynamik zu wehren und uns von einer Ökonomisierung unserer persönlichen Beziehungen zu befreien. Doch wie könnte uns dies gelingen?

Wie kann Widerstand gelingen?

Eine erste Antwort könnte sich aus der Analyse der Entstehung der Ökonomisierung persönlicher Beziehungen im zweiten Kapitel ergeben. Die Antwort auf die Frage »Was ist die Ursache der Ökonomisierung persönlicher Beziehungen?« lautete: Die Ökonomisierung persönlicher Beziehungen ergibt sich aus der kapitalistischen Einrichtung unserer alltäglichen Welt und einem in unserer Gesellschaft dominanten neoliberalen Denkmuster.

Wenn dies also die Wurzel der Ökonomisierung unserer persönlichen Beziehungen ist und wir uns von dieser befreien wollen, dann müssen wir genau hier ansetzen. Wir müssen die Einrichtung unserer Alltagswelt ändern. Wir müssen also die Form unserer Institutionen wie Arbeit, Sozialstaat oder Bildungseinrichtungen verändern. Wir müssen das Wirtschaftssystem ändern, um auch dessen kulturelle Wirkungen unter Kontrolle zu bekommen. Widerstand gegen eine Ökonomisierung persönlicher Beziehungen bedeutet mit anderen Worten: Widerstand gegen Kapitalismus. Dies scheint einleuchtend. Wenn wir nicht wollen, dass unsere persönlichen Beziehungen durch marktwirtschaftliche Muster beherrscht werden, dann müssen wir dafür sorgen, dass es keine Marktwirtschaft mehr gibt. Benötigt wird ein Systemwechsel.

An dieser Stelle drängen sich jedoch einige pragmatische Fragen auf. Wie wahrscheinlich ist es, dass ein solcher Wechsel stattfindet? Und weiter: Wie wahrscheinlich ist es, dass, wenn dieser stattgefunden hat, sich unsere persönlichen Beziehungen durch mehr Freiheit und weniger Leid und Entfremdung auszeichnen werden?

Statt das Problem an der Wurzel zu packen, lässt es sich möglicherweise auch sozusagen lokal behandeln. Widerstand gegen eine Ökonomisierung unserer persönlichen Beziehungen würde dann nicht bedeuten, den Kapitalismus schlechthin, sondern nur unsere ökonomisierten Denk- und Erlebensformen in Freundschaft und Liebe zu bekämpfen. In der Tat ist es doch so, dass eine radikale Lösung nicht in jedem Fall angemessen ist, geschweige denn erfolgversprechend. Nehmen wir den Fall der Volkskrankheit Rückenschmerzen. Diese sind so häufig ein Problem, weil wir alle zu viel sitzen. Für eine solche Haltung sind unsere Körper evolutionsbedingt nicht eingerichtet. Eine radikale Lösung wäre nun, unser Leben genau auf die Bedingungen umzustellen, für die unsere Körper eingerichtet sind. Wir könnten uns also von unserer Arbeitswelt verabschieden und wieder leben wie Sammler:innen und Jäger:innen. Wir würden uns damit aber auch komplett von allen Vorteilen einer Industriegesellschaft verabschieden.

Hierzu gibt es eine einfachere Alternative: Wir können dafür sorgen, dass unsere Bevölkerung sportlicher wird, Rückenübungen macht und wir eine größere Beweglichkeit in unseren Arbeitsalltag integrieren.

Entsprechend könnte man im Fall der Ökonomisierung persönlicher Beziehungen sagen: Wir könnten uns darum bemühen, in einer Gesellschaft zu leben, die komplett ohne Kapitalismus auskommt. Das würde aber eine Menge an unerwünschten Folgen für uns nach sich ziehen. Schließlich dürfen wir genauso wenig wie die weitreichenden destruktiven Effekte die Erfolge des Kapitalismus ignorieren. Hierzu gehören ein stetiges technisches Wachstum und ein damit einhergehender Wohlstand[1] – auch wenn dieser massiv ungleich verteilt und in der Regel ein Ergebnis von Ausbeutung ist. Statt einen Systemwechsel zu fordern, könnten wir versuchen, das Problem der Ökonomisierung zielgerichtet zu lösen.

Doch auch diese Antwort dürfte problematisch sein: Bedeutet eine Beschränkung auf Widerstand innerhalb unserer persönlichen Beziehungen nicht, dass wir uns mit einer ansonsten kapitalistischen Welt arrangieren? Sollten unsere Einsichten über die Ökonomisierung persönlicher Beziehungen nicht Ausdruck eines größeren Unbehagens in Bezug auf den Kapitalismus sein? Sollten wir nicht spätestens an dieser Stelle sagen: Jetzt reicht's – jetzt ist der Kapitalismus so überwältigend geworden, dass wir zurückschlagen müssen? Und dann wäre es aber doch halbherzig, wenn wir uns nur mit dem negativen Effekt befassen würden, der uns gerade am direktesten betrifft, und uns nicht an der ganzen Struktur abarbeiten würden. Wäre eine solche Haltung nicht ein Ausdruck des Prinzips, das im Englischen als »not in my backyard« beschrieben wird (frei übersetzt: »nicht vor meiner Haustür«)?

Was bedeutet das genau? Ein Beispiel: Eine Person unterstützt die Aufnahme von Geflüchteten. Nun soll eine Geflüchteten-Unterkunft in ihrer unmittelbaren Nachbarschaft eingerichtet werden. Hiergegen wehrt sie sich jedoch nun, weil sie Angst hat, dass auf diese Weise ihre Wohngegend unattraktiver wird und ihre Wohnung im Wiederverkaufswert sinkt.

In Analogie hierzu könnte man dann sagen: Wir tolerieren Kapitalismus und profitieren von diesem – dadurch etwa, dass er unser Leben als Konsument:innen bequemer macht. Wenn es aber um unsere persönlichen Beziehungen geht, wehren wir uns gegen diesen.

Dabei ist Kapitalismus noch für viel mehr Leiden verantwortlich. In der Regel sind es dabei andere Personen als wir, die unter diesem leiden: besonders diejenigen, die die Produkte und Dienstleistungen unter widrigen Bedingungen herstellen und anbieten, damit wir sie genießen können.

Ähnliches gilt auf eine spezifische Weise auch für das kulturelle Denkmuster des Neoliberalismus: Dieses Denkmuster legitimiert den Abbau von Wohlfahrtsmechanismen und die Beschuldigung von ökonomisch unterprivilegierten Personen, sie seien verantwortlich für die Situation, in der sie feststecken, obwohl sie gar keine Möglichkeit haben, sich aus dieser Situation selbst zu befreien.

Ich möchte im Folgenden für eine pragmatische Antwort plädieren, denn:

Einerseits schließt ein Widerstand gegen die Ausbreitung des Kapitalismus in unseren persönlichen Beziehungen nicht aus, dass wir uns auch auf anderen Ebenen gegen Kapitalismus wehren. Widerstand gegen eine Ökonomisierung kann etwa als Sprungbrett für weiteren Antikapitalismus dienen. Angenommen, dass wir Kapitalismus in diesem Zusammenhang problematisieren: Dann können wir auch leichter erkennen, dass an dem Phänomen als solchem etwas nicht stimmt. Wir bleiben also nicht neutral.

Andererseits möchte ich dafür argumentieren, dass ein Widerstand gegen die Ökonomisierung unserer persönlichen Beziehungen nicht auf diesen Bereich beschränkt bleiben muss, sondern eine Breitenwirkung entfalten könnte: Bei der Ökonomisierung unserer persönlichen Beziehungen haben wir es mit einer universellen Art, über Menschen und Beziehungen nachzudenken, zu tun. Dies bleibt nicht auf die persönlichen Beziehungen beschränkt, sondern wird sich auch in der politischen Sphäre niederschlagen. Wenn wir im Rahmen persönlicher Beziehungen dieses Denkmuster aufbrechen, dann bedeutet das auch, dass sich neue Denkräume in anderen Bereichen öffnen werden.

Darüber hinaus können wir in de-ökonomisierten Freundschaften und Liebesbeziehungen Erfahrungen machen und Haltungen einnehmen, die folgenreich für unser Erleben in der politischen Sphäre sind. Ein Systemwandel und eine Reformierung unserer Institutionen weg von einer neoliberalen Kultur, die uns als eigeninteressierte Unternehmer:innen formt, ist zwar nötig, um den Einfluss einer kapitalistischen Ideologie auf unser Leben zu vermindern oder sogar zu brechen. Gleichzeitig ist es uns aber auch möglich, uns innerhalb unserer sozialen Nahbeziehungen, also in unseren Liebesbeziehungen und Freundschaften, gegen eine Ökonomisierung zu wehren und von hier aus einen Effekt auf unsere Fernbeziehungen und damit auf die Ebene des Politischen zu erzielen.

Das Persönliche ist politisch: Die Breitenwirkung einer De-Ökonomisierung persönlicher Beziehungen

In diesem Zusammenhang hilft möglicherweise eine zentrale Erkenntnis des Feminismus weiter: Das Persönliche ist politisch. Doch wie können wir uns eine solche politische Wirkung der De-Ökonomisierung unserer persönlichen Beziehungen vorstellen?

Eine Reihe von Erfahrungen und Denkmustern in deökonomisierten Beziehungen haben praktische Implikationen in Bezug auf die politische Sphäre. Dies gilt zunächst dafür, dass das neoliberale Menschenbild aufgebrochen wird. Machen wir in Freundschaften und Liebesbeziehungen die Erfahrung, dass wir und andere von Handlungsmotiven geleitet werden können, die nicht egoistisch sind, dann steht dies dem zentralen neoliberalen Denkmuster entgegen. Eine solche Verschiebung unserer Perspektive ermöglicht es, Egoismen auch an anderem Ort zu kritisieren. Wenn wir nicht davon ausgehen müssen, dass alle immer notwendigerweise versuchen, ihren eigenen Nutzen zu steigern, dann können wir auch hinterfragen, ob ihr eigennütziges Verhalten angemessen ist. Dies gilt aber nicht nur für persönliche, sondern auch für politische Beziehungen. Wir können dann auch darüber nachdenken, ob es vertretbar ist, wenn Bürger:innen nur für ihr eigenes Vorankommen, für ihren eigenen Wohlstand, für ihr eigenes Vermögen, für ihre eigene Sicherheit, für ihre eigene Rente oder Gesundheit sorgen. Wir können uns fragen, ob sie nicht auch dafür verantwortlich sind, dass es ihren Mitmenschen gut geht.

Ein solches Erleben und Denken ermöglicht auch ein anderes Verständnis von Politik: weg von einem neoliberalen Erleben von Politik als Rahmen, in dem jede:r sich für die eigenen Zwecke einsetzt – für Steuersenkungen, von denen nur man selbst profitiert, oder für die Freiheit, uneingeschränkt zu konsumieren, die für zukünftige Generationen schädlich ist –, hin zu einem Politikverständnis mit dem Ziel der Realisierung des *Gemeinwohls.* Ein solches Politikverständnis wendet sich ab von dem berühmten Ausspruch Thatchers: »There is no such thing as society.« Es bewegt sich weg von der in den Sozialwissenschaften enorm einflussreichen *Public Choice Theory*, die Politik in ihren wissenschaftlichen Untersuchungen als Rahmen versteht, in dem Politiker:innen, Bürokrat:innen und Wähler:innen versuchen, ihren eigenen Nutzen zu maximieren.[2] Es bewegt sich hin zu einem Verständnis von Politik, wie es Thomas von Aquin (um 1225–1274) in Anlehnung an Aristoteles bereits im Mittelalter formuliert:

> Die Gutheit eines jeden Teiles hängt immer ab vom Entsprechungsverhältnis zu seinem Ganzen […]. Da nun jeder Mensch Teil eines bürgerlichen Gemeinwesens ist, kann der Mensch unmöglich gut sein, wenn er nicht dem Gemeingut gerecht wird.[3]

Es würde also leichter, solch eine Verbundenheit und gegenseitige Verantwortung im Rahmen der politischen Sphäre zu erleben, wenn man dies im Rahmen des Persönlichen bereits erfahren hat.

In de-ökonomisierten Beziehungen machen wir die Erfahrung, dass die Anliegen unserer Partner:innen zu unseren eigenen Bedürfnissen werden. Unser Wohlergehen ist dann an das Wohlergehen unserer Partner:innen und Freund:innen gebunden. Diese Dynamik ist jedoch ebenso konstitutiv für das Denken und Erleben von Gemeinwohl. Unser Wohlergehen als Bürger:innen ist dann gebunden an das Wohlergehen aller anderen.

Welche Haltungen sind zentral, will man sich am Gemeinwohl orientieren? Welche Werte treten an die Stelle einer Konzentration auf *Nutzen*? Und wie wirkt sich das konkret in der politischen Sphäre aus? Eine besondere Breitenwirkung kann sich daraus entwickeln, wenn wir eine fürsorgliche Haltung einnehmen. In de-ökonomisierten Freundschafts- und Liebesbeziehungen können wir erleben, wie wir uneigennützig an anderen interessiert sind. Wir wollen sie unterstützen und möchten, dass es ihnen gut geht. Wir nehmen mit anderen Worten eine Haltung der Fürsorge ein. Dies tun wir deswegen, weil unsere Partner:innen und Freund:innen unsere Unterstützung brauchen, und nicht deshalb, weil dadurch für uns etwas herausspringt. Eine solche Einstellung ist für unsere neoliberale politische Kultur radikal. Im Rahmen eines neoliberalen Menschenbildes gehen wir davon aus, dass andere ausschließlich für sich selbst verantwortlich sind. Wenn wir sie unterstützen, dann erleben wir dies als für uns kostenintensiv.

Ein Erleben von Anteilnahme, Mitleid und Einnehmen einer fürsorglichen Haltung kann Nährboden sein für ein anderes politisches Erleben. Ein politisches Erleben, in dem wir eine Besorgnis um das Wohlergehen unserer Mitbürger:innen entwickeln. Fürsorge kann sich dann auf der Ebene des Politischen in Solidarität übersetzen. Solidarität meint nicht, sich an einer Gruppe zu orientieren, die die eigenen Interessen teilt und von deren Vorankommen man selbst profitiert. Es geht hier vielmehr um Solidarität mit Gruppen, deren Bedürfniserfüllung für einen selbst keine Konsequenz hat. Generalisierte Fürsorge manifestiert sich in der Folge in Solidarität mit gesellschaftlich unterprivilegierten Gruppen. In diesem Sinne unterstützend tätig wird man, wenn man für eine universelle Gesundheitsversorgung, für Arbeitslosengeld und eine frei zugängliche Bildung eintritt.

Das Erleben von Fürsorge ist eng damit gekoppelt, Verantwortung zu übernehmen und dies bewusst zu erleben. Auch dieses Verhalten ist gegenüber einem Politikverständnis, das durch eine neoliberale Doktrin geprägt ist, radikal. Wenn wir in unseren persönlichen Beziehungen die Erfahrung eines uneigennützigen Interesses an den Bedürfnissen anderer machen, dann ermöglicht dies die Einsicht, dass wir für die Erfüllung dieser Bedürfnisse eine entscheidende Rolle spielen. Dies können wir dann auch übertragen: Wir brauchen unsere Freund:innen und unsere Partner:innen. Wir benötigen deren Unterstützung, deren Zuneigung und Hilfe. Es wäre folgenreich, wenn wir unseren Freund:innen und Partner:innen unsere Unterstützung verwehrten. Es wäre folgenreich, wenn wir sie nicht unterstützten, weil wir auf unsere eigenen Bedürfnisse schauen – zu viel Arbeit, zu viel Aufwand, zu wenig Spielraum, zu wenig Freiheit. Stattdessen können wir erkennen, dass sich aus unserer Relation zu unseren Freund:innen und Partner:innen Verantwortungen ergeben. Wir sind es ihnen schuldig, dass wir sie nicht im Stich lassen. Und dies ist nicht in einem ökonomischen Sinne gemeint, etwa aus dem Grunde, weil sie uns schon auf eine derartige Weise unterstützt haben. Die Schuld ergibt sich aus der Tatsache, dass sie schlicht und einfach unsere Freund:innen oder Partner:innen sind.

Ebendieses Erleben von Verantwortung gegenüber anderen wird dann auch wieder auf politischer Ebene relevant. In einer neoliberalisierten politischen Sphäre ist gegenseitiges Helfen ohne Hintergedanken genauso wenig denkbar, wie anzuerkennen, dass jemand bedürftig ist. In einem neoliberalen Menschenbild sind wir alle für unser eigenes Vorankommen verantwortlich. Verantwortung bedeutet hier also immer und ausschließlich *Eigenverantwortung.* Befinden wir uns in einer misslichen Lage, dann ist klar: selbst schuld. Wenn wir Individualismus, Konkurrenzdenken und Annahmen über die Natürlichkeit von Eigeninteresse hinterfragen, kann das unser Erleben politischer Beziehungen verändern. Mein Verhältnis zu meinen Mitbürger:innen kann ich dann als ein Verhältnis der gegenseitigen Verantwortung verstehen.

Die Rolle des Bürgers bzw. der Bürgerin in Analogie zu Freundschaft zu denken bedeutet dabei nicht, dass ich mit meinen Mitbürger:innen befreundet sein oder dass ich mit ihnen irgendwelche Interessen teilen muss. Vielmehr bietet Freundschaft einen Erfahrungsraum, der sich übertragen und generalisieren lässt. Diese Erfahrungen könnten dann ein Korrektiv zu einer hyperindividualisierten Gesellschaft bilden, deren Selbstverständnis auf einem Gegen- und nicht einem Miteinander basiert. Die Erfahrung von Verantwortung für und Interesse am Wohlergehen anderer wäre dann ein Anknüpfungspunkt für die politische

Ebene – aber auch die wirtschaftliche Sphäre, in der zum Beispiel im Rahmen von Gewerkschaften Räume für die gegenseitige Unterstützung bestehen und vermehrt wahrgenommen werden können.

Erfahrungen und Vorstellungen in der persönlichen Sphäre, die einem neoliberalen Menschenbild entgegenstehen, sind auch noch aus anderen Gründen politisch wirksam. Wenn wir in der persönlichen Sphäre eine rein instrumentelle Haltung gegenüber unseren Partner:innen und Freund:innen ablehnen, dann können wir auch beginnen, ein zweckrationales Verhältnis in anderen Beziehungen zu hinterfragen. Ein rein instrumentelles Verhältnis zu den Produzent:innen unserer Güter würde auf diese Weise dann genauso destabilisiert wie ein zweckrationales Verhältnis zu Menschen, von denen wir Dienstleistungen in Anspruch nehmen. Wir können uns dann nicht mehr einfach auf ein neoliberales Menschenbild stützen und denken: Jeder benutzt seine Mitmenschen für seine eigenen Zwecke, deswegen ist es auch in Ordnung, wenn ich mich bedienen lasse oder andere für mich arbeiten. Sie haben ja schließlich auch etwas davon.

Ebenso folgenreich wäre es, unsere Konsumentenmentalität in unserem Verhältnis zu unseren Mitmenschen aufzubrechen. Wenn wir damit aufhören würden, die Beziehungen zu unseren Mitmenschen ausschließlich mit dem Zweck zu führen, dass unsere Bedürfnisse möglichst kostengünstig erfüllt werden, dann würde auch dies neue Denkräume öffnen. Denn eine solche konsumistische Haltung ist im Rahmen einer neoliberalen Kultur auch im politischen Rahmen dominant. Oftmals sind wir nur dann bereit zu zahlen, wenn wir uns davon die Erfüllung unserer eigenen egoistischen Interessen versprechen. Ein prägnantes Beispiel stellt hier die Diskussion um die Berechtigung des öffentlichen Rundfunks dar. Der Rückhalt einer Institution, die allen Bürger:innen dienlich sein will und von allen unterstützt wird, scheint in der Gesellschaft zu schwinden.

Das Paradigma des individuellen Konsums ist offenbar so dominant, dass wir uns oft schon gar nicht mehr vorstellen können, wie die Existenz einer Institution, die für die Gesamtgesellschaft gut sein soll, zu rechtfertigen ist. Stattdessen wollen wir Programmangebote, die auf unsere eigenen Bedürfnisse zugeschnitten sind. Doch was wäre, wenn wir an solchen Stellen das Konzept einer Offenheit für die Bedürfnisse aller einbringen? Ein Staat wird dann nicht nur dadurch legitimiert, was er für mich persönlich leisten kann. Auch ich muss etwas für den Staat tun und dieser für die ganze Bevölkerung. Entscheidend hierfür ist es, die Interessen anderer ernster zu nehmen, also etwa von Freund:innen und Partner:innen – aber auch von Mitbürger:innen. Dann würde eine Haltung wieder möglich, die durch Selbstbeschränkung und Großzügigkeit geprägt ist. Eine solche hat gleichzeitig auch eine politische Wirkung.

Und dies wäre ein gutes Mittel gegen Politikverdrossenheit. Das Desinteresse an Politik ist durch viele Faktoren bedingt. Mitverantwortlich ist vermutlich jedoch die Haltung vieler, sich nur auf die eigenen Interessen konzentrieren zu wollen. Für jede:n von uns scheint die einzig relevante Frage oftmals zu sein, was die Politik für mich tut. Eine Auseinandersetzung mit politischen Fragen scheint sinnlos, weil die Ergebnisse einen selbst nicht oder nur so wenig betreffen, dass es sich nicht lohnt, Zeit darauf zu verwenden, sich mit politischen Prozessen auseinanderzusetzen.

Die Erfahrung, dass wir ein Interesse an den Anliegen anderer haben können, könnte dieses Muster aufbrechen. Wir können dann auch im politischen Rahmen damit beginnen, uns der Anliegen anderer anzunehmen. Umgekehrt könnten wir die Erfahrung machen, dass auch andere an unserem Wohlergehen interessiert sind.

Würden wir unsere persönlichen Beziehungen auf eine nichtökonomische Art führen, könnten wir so eine Haltung einüben, die konstitutiv ist für ein anderes gesellschaftliches und politisches Klima. Die Erfahrung im Rahmen von Freundschaften und Liebesbeziehungen, dass man andere nicht als Mittel für die eigenen Zwecke wahrnimmt, kommt dann einer Befreiung des Denkens gleich: Eine uneigennützige Art, sich auf andere zu beziehen, eröffnet neue Möglichkeiten, über unsere Mitmenschen im Allgemeinen nachzudenken – auch auf einer politischen Ebene.

Natürlich wird in weiten Teilen ein Systemwandel nötig sein, damit wir uns von einer Ökonomisierung unserer persönlichen Beziehungen wirklich befreien können. Denn schlussendlich prägt das politische und ökonomische System unser Selbstverständnis als selbstverantwortliche Unternehmer:innen in jedem Lebensbereich. Wir haben aber auch die Möglichkeit, uns im Rahmen unserer persönlichen Beziehungen sozusagen lokal zu widersetzen und diese Bereiche zu de-ökonomisieren. Entscheidend ist dabei, dass ein solcher Prozess des Umdenkens in persönlichen und politischen Beziehungen kein elitäres Projekt, sondern für wirklich alle und jede:n zugänglich ist. Wie gelingt uns nun aber eine solche Emanzipation im Rahmen persönlicher Beziehungen?

Ausblick: Wie können wir unsere persönlichen Beziehungen de-ökonomisieren? 12 Thesen

Wie kann es gelingen, uns von einem marktwirtschaftlichen Denken und Handeln in Freundschaften und Liebesbeziehungen zu befreien? Wir brauchen ein Gegenprogramm, um nicht mehr überall ökonomisch zu denken und unsere persönlichen Beziehungen nicht mehr so zu führen, wie wir das oft jetzt schon tun. Wir brauchen einen alternativen Modus des Seins im Kontakt mit unseren Freund:innen und Partner:innen. Einen solchen neuen Modus müssen wir in unseren Beziehungen neu kultivieren. Auf diese Weise können wir aus den uns von außen auferlegten Grenzen ausbrechen.

Wie so manches Programm ist natürlich auch dieses begrenzt umsetzbar. Unsere Macht, als Individuen die gesellschaftlichen Strukturen zu ändern, die eine Ökonomisierung unserer persönlichen Bedingungen erst verursachen, ist beschränkt. Zugespitzt ließe sich dieses Hindernis mit Adornos berühmter These umreißen: »Es gibt kein richtiges Leben im Falschen.«[1] Ich möchte dennoch dafür argumentieren, dass es in unserem Interesse liegt, über die Ökonomisierung unserer persönlichen Beziehungen nachzudenken, und dass es möglich ist, gegen diese Widerstand zu leisten. Für ein solches Gegenprogramm möchte ich im Folgenden Hinweise geben. Die Hinweise folgen in keiner speziellen Reihenfolge, sondern sind Gedanken, derer man sich frei bedienen kann – und mit denen ich dieses Essay schließen möchte.

1. Freundschaften und Liebesbeziehungen sind keine Tauschverhältnisse, sie sind nicht transaktional. Wir sollten uns dementsprechend nicht darüber aufregen, wenn unsere Freund:innen oder Partner:innen sich nicht gleichmäßig für unsere Bemühungen revanchieren. Keine Frage: Freundschaften und Liebesbeziehungen werden geprägt von gegenseitigen Ansprüchen. Natürlich können wir deswegen die Unterstützung des oder der anderen einfordern. Diese Forderungen sollten sich aber nicht aus einer vorher erbrachten Leistung, sondern aus einer gegenseitigen Haltung der Fürsorge und Verantwortung ergeben.
2. Wir sollten uns nicht für unsere Freund:innen oder Liebespartner:innen engagieren, um sie auf diese Weise zu verschulden. Natürlich werden wir in unseren Beziehungen auch Tausche vollziehen. Wer den Müll hinausbringt, wer sich wann um das Kind kümmert – all dies sollte gerecht geregelt werden. Dennoch sollten wir versuchen, Freundschaften und Liebesbeziehungen als Rahmen zu verstehen, in denen wir etwas für andere Personen um ihrer selbst willen tun. Wir sollten uns zudem darauf einlassen, was wir dabei erleben. Wir sollten wahrnehmen, wie es sich anfühlt, zu schenken und zu geben, einer anderen Person etwas Gutes tun zu wollen. Wir sollten aufhören, uns in Freundschaften und Liebesbeziehungen immer nur die Frage zu stellen: »Was habe ich eigentlich davon?«
3. Menschen sind nicht notwendigerweise Egoist:innen. Sie können die Bedürfnisse ihrer Partner:innen und Freund:innen zu ihren eigenen machen und durch diese motiviert sein. Dementsprechend können wir unse-

ren Freund:innen und Partner:innen auch Vorwürfe machen, wenn sie sich in diesen Beziehungen egoistisch verhalten. Es ist ein Trugschluss, zu glauben, dass wir alle am Ende des Tages nur darauf aus sind, das Beste für uns selbst zu erreichen. Diese Überzeugung spiegelt eine neoliberale Doktrin, die uns Handlungs- und Kommunikationsspielräume in unseren persönlichen Beziehungen verschließt.

4. Wenn wir Freundschaften und Liebesbeziehungen leben wie Konsument:innen, wenn wir sie also ausschließlich unter dem Blickwinkel der Erfüllung eigener Vorlieben, Vorstellungen und Bedürfnisse wahrnehmen, sie vor diesem Hintergrund bewerten und ständig mit alternativen Möglichkeiten abgleichen, dann sind sie durch ein Marktverhalten geformt. Wir verbauen uns auf diese Weise die Möglichkeit, uns auf unsere Partner:innen und Freund:innen einzulassen. Wir verbauen uns die Möglichkeit, sie in ihrer Einzigartigkeit zu erleben.
5. Partnerschaften und Freundschaften sind dahingehend besonders, dass sie Orte des gemeinsamen Handelns, Fühlens und Erlebens sein können. Partnerschaften und Freundschaften sollten nicht Beziehungen sein, von denen man gegenseitig profitiert, sondern Beziehungen, in denen man aufgeht.
6. Freund:innen und Partner:innen, Bekannte, Affären, Liebhaber:innen sind keine miteinander vergleichbaren, austauschbaren Güter, die ihre Funktion nur dadurch haben, dass sie unsere Wünsche und Vorstellungen von Beziehungen und spontanen Bedürfnisse erfüllen. Auch wir sind dies nicht. Wenn wir dies beachten, kön-

nen wir unsere Sorgen, sang- und klanglos bei nächster Gelegenheit ersetzt zu werden, lindern. Wir sind nicht ersetzbar.

7. Die Erfahrung, auf Freund:innen oder Partner:innen angewiesen zu sein, kann positiv sein. Wenn wir in diesen Beziehungen nur auf unsere Unabhängigkeit und Flexibilität achten, hat das zur Folge, dass wir uns um Erfahrungen von Umsorgung und Unterstützung bringen. Auf diese Weise bleiben wir Einzelkämpfer:innen, unverbunden, allein.
8. Wenn uns unsere Freund:innen oder Partner:innen durch ihre Unterstützung oder Gefallen verschulden und hiermit nur eine Vorbedingung für das spätere Einfordern von Hilfe schaffen wollen, ist das kritikwürdig. Wenn sie uns jedoch um unseretwillen unterstützen, sollten wir uns unsererseits auf ein Gefühl von Dankbarkeit einlassen und uns darüber freuen, ihre Großzügigkeit zu empfangen.
9. Wenn wir in persönlichen Beziehungen antikapitalistisch handeln wollen, dann sollten wir uns bemühen, möglichst großzügig und freigiebig zu sein, ohne dies an Bedingungen zu knüpfen. Loyalität zu Personen, auch wenn uns die Beziehung zu ihnen nichts bringt oder sie uns anstrengt, ist ein radikales Verhalten, weil sie den Prinzipien marktwirtschaftlicher Logik widerspricht.
10. Verletzlichkeit ist kein Wettbewerbsnachteil. Es ist kein Zeichen von Überinvestment, Interesse an einer anderen Person zu zeigen, sondern eine Voraussetzung dafür, in der eigenen Bedürftigkeit Annahme zu finden. Emotionale Sparsamkeit bringt uns nicht weit und verhindert es, Verbundenheit und Akzeptanz zu erleben.

11. Wir stehen in Freundschaften und Liebesbeziehungen nicht in Konkurrenzverhältnissen zu unseren Partner:innen oder Freund:innen. Wir sollten nicht versuchen, mehr aus diesen Beziehungen herauszuholen oder uns weniger bedürftig zu zeigen als sie.
12. Wir sollten unseren Freund:innen und Partner:innen nicht einfach jeden Anspruch nur aus dem einen Grund erfüllen, weil sie jetzt am Zug sind und bereits etwas für uns getan haben. Es braucht mehr Begründungen, als dass eine Person etwas einfach nur will.

Anmerkungen

Was ist die Ökonomisierung persönlicher Beziehungen?

1 Attila Albert, »Nicht einseitig investieren: 5 Tipps, mit denen sich Frauen die Enttäuschung sparen«, online 2020: https://www.focus.de/familie/eltern/beziehungsratschlaege-fuer-frauen-nicht-einseitig-investieren-5-tipps-mit-denen-sie-sich-zeit-und-enttaeuschung-sparen_id_12019809.html.

2 Julia Pugachevsky, »17 Things Every Woman Should Know About Friendship Before She's 25«, online 2018: https://www.cosmopolitan.com/sex-love/a18370460/friendship-advice/.

3 Arianna Brandolini, »Here Is How You Break Up With a Friend«, online 2023: https://www.tiktok.com/@answeranxiety/video/7186671544469343534?lang=de-DE.

4 Eva Illouz, *The End of Love. A Sociology of Negative Relations*, Oxford 2019.

5 Alicia Denby / Jenny van Hooff, »›An Emotional Stalemate‹. Cold Intimacies In Heterosexual Young People's Dating Practices«, in: *Emotions and Society* (2023) S. 1–17.

6 Lik Sam Chan, »Ambivalence In Networked Intimacy. Observations From Gay Men Using Mobile Dating Apps«, in: *New Media & Society* (2018) S. 2566–2581.

7 Lauren Palmer, »Dating in the Age of Tinder. Swiping for Love?«, in: Julia Carter / Lorena Arocha (Hrsg.), *Romantic Relationships in a Time of »Cold Intimacies«*, New York 2020, S. 129–149.

8 Tim Kasser / Richard Ryan, »Be Careful What You Wish For. Optimal Functioning and the Relative Attainment of Intrinsic And Extrinsic Goals«, in: Peter Schmuck / Kennon Sheldon (Hrsg.), *Life Goals and Well-Being. Towards a Positive Psychology of Human Striving*, Göttingen 2001, S. 116–131.

9 Emily Solberg / Edward Diener / Michael Robinson, »Why Are Materialists Less Satisfied?«, in: Tim Kasser / Allen Kanner (Hrsg.), *Psychology and Consumer Culture. The Struggle For a Good Life in a Materialistic World*, Washington, D.C. 2004, S. 29–48.

10 Brent Roberts / Richard Robins, »Broad Dispositions, Broad

Aspirations. The Intersection of Personality Traits and Major Life Goals«, in: *Personality and Social Psychology Bulletin* (2000) S. 1284–1296.

11 Elizabeth Anderson, »The Ethical Limitations of the Market«, in: *Economics & Philosophy* (1990) S. 179–205.

12 Adam Smith, *Der Wohlstand der Nationen* [1776], München 1974, S. 17.

13 Arlie Russel Hochschild, *The Managed Heart. Commercialization of Human Feeling*, Berkeley 1983.

14 Felix Warneken / Michael Tomasello, »Altruistic Helping in Human Infants And Young Chimpanzees«, in: *Science* (2006) S. 1301–1303; »The Roots of Human Altruism«, in: *British Journal of Psychology* (2009) S. 455–471.

Was ist die Ursache der Ökonomisierung persönlicher Beziehungen?

1 Karl Marx, »Kritik der politischen Ökonomie« [1859], in: Marx Engels Werke, hrsg. vom Institut für Marxismus-Leninismus beim ZK der SED, Bd. 13, Berlin 1981, S. 8 f.

2 Georg Lukács, *Geschichte und Klassenbewußtsein* [1923], Neuwied 1983, S. 97.

3 Elliott Sober / David Sloan Wilson, *Unto Others*, Harvard 1999.

4 Vgl. Gary Becker, *The Economic Approach to Human Behavior*, Chicago 1976.

5 Amartya Sen, *Rationale Dummköpfe* [1977], Stuttgart 2020.

6 John Maynard Keynes, *The General Theory of Employment, Interest and Money* [1936], London 2007, S. 383–384. In der dt. Übersetzung: »[...] die Gedanken der Ökonomen und Staatsphilosophen, sowohl wenn sie im Recht, als auch wenn sie im Unrecht sind, [sind] einflußreicher, als gemeinhin angenommen wird.« (Dt.: *Allgemeine Theorie der Beschäftigung, des Zinses und des Geldes*, übers. von Fritz Waeger, verbessert und um eine Erläuterung des Aufbaus ergänzt von Jürgen Kromphardt / Stephanie Schneider, Berlin 1936/2009, S. 323).

7 Antonio Gramsci, *Gefängnishefte* [1948], übers. von Klaus Bochmann, Hamburg 2002.

8 Dale Miller / Rebecca Ratner, »The Disparity Between the Actual and Assumed Power of Self-Interest«, in: *Journal of Personality and Social Psychology* (1998) S. 53–62; R. R. / D. M., »The Norm of Self-Interest and Its Effects on Social Action«, in: *Journal of Personality And Social Psychology* (2001) S. 5–16.

9 Vgl. Irene Dingeldey, »Aktivierender Wohlfahrtsstaat und sozialpolitische Steuerung«, in: Bundeszentrale für politische Bildung (Hrsg.): *Aus Politik und Zeitgeschichte*, Bonn 2006.

10 Margaret Somers / Fred Block, »From Poverty to Perversity. Ideas, Markets, And Institutions Over 200 Years of Welfare Debate«, in: *American Sociological Review* (2005) S. 260–287. Vgl. Christian Neuhäuser, *Wie reich darf man sein? Über Gier Neid und Gerechtigkeit*, Stuttgart 2019, S. 49–71.

11 Dieter Plehwe / Bernhard Walpen, »Between Network And Complex Organization. The Making of Neoliberal Knowledge And Hegemony«, in: D. P. / B. W. / Gisela Neunhöffer (Hrsg.), *Neoliberal Hegemony. A Global Critique*, London 2006, S. 27–50.

12 Susan George, »How to Win the War of Ideas«, in: *Dissent* (1997) S. 47–53.

13 Paul Krugman, »The Tax-Cut Con«, online 2011: https://www.nytimes.com/2003/09/14/magazine/the-tax-cut-con.html.

14 Vgl. Christian Neuhäuser: *Wie reich darf man sein? Über Gier, Neid und Gerechtigkeit*, Stuttgart 2019, S. 49–74.

15 Dieter Plehwe / Bernhard Walpen, »Between Network And Complex Organization«, (s. S. 47 Anm. 11)).

16 Robert Frank / Thomas Gilovich / Dennis Regan, »Does Studying Economics Inhibit Cooperation?«, in: *Journal of Economic Perspectives* (1993) S. 159–171.

17 Michel Foucault, *Die Geburt der Biopolitik. Geschichte der Gouvernementalität II*, übers. von Jürgen Schröder, Frankfurt a. M. 2008.

Wieso ist die Ökonomisierung von persönlichen Beziehungen schlecht?

1 Martin Greenberg, »A Theory of Indebtedness«, in: Kenneth Gergen, M.S., Richard Willis (Hrsg.), *Social Exchange. Advances in Theory and Research*, New York 1980, S. 3–26.
2 Philip Watkins / Jason Scheer / Melinda Ovnicek / Russell Kolts, »The Debt of Gratitude. Dissociating Gratitude and Indebtedness«, in: *Cognition & Emotion* (2006) S. 217–241.
3 Erich Fromm, *The Art of Loving*, New York City 1956, S. 23.
4 Theodor W. Adorno, *Minima Moralia*, Frankfurt a. M. 1951, S. 47.
5 Miranda Fricker, *Epistemic Injustice. Power and the Ethics of Knowing*, Oxford 2007, S. 147–175.

Wie können wir uns von einer Ökonomisierung persönlicher Beziehungen befreien?

1 Vgl. Ulrike Hermann, »Essay. Keynes übersieht den Wachstumszwang im Kapitalismus«, in: John Maynard Keynes, *Wirtschaftliche Möglichkeiten für unsere Enkel*, hrsg. von Jens C. Knipp, Stuttgart 2024, S. 80–91, hier S. 80.
2 Vgl. Gordon Tullock, »Public Choice«, in: Matias Vernengo / Esteban Caldentey / Barkley Rosser (Hrsg.), *The New Palgrave Dictionary of Economics*, Basingstoke 2008, S. 1–8.
3 Thomas von Aquin, *Summa Theologica* [1273], Bd. 13, Heidelberg 1977, S. 41.

Ausblick: Wie können wir unsere persönlichen Beziehungen de-ökonomisieren? 12 Thesen

1 Theodor W. Adorno, *Minima Moralia* (s. S. 63 Anm. 3), S. 41.

Literatur

Adorno, Theodor: Minima Moralia. Frankfurt a. M. 1951.

Albert, Attila: Nicht einseitig investieren. 5 Tipps, mit denen sich Frauen die Enttäuschung sparen. Online 2020: https://www.focus.de/familie/eltern/beziehungsratschlaege-fuer-frauen-nicht-einseitig-investieren-5-tipps-mit-denen-sie-sich-zeit-und-enttaeuschung-sparen_id_12019809.html.

Anderson, Elizabeth: The Ethical Limitations of the Market. In: Economics & Philosophy (1990) S. 179–205.

Becker, Gary: The Economic Approach to Human Behavior. Chicago 1976.

Brandolini, Arianna: Here Is How You Break Up With a Friend. Online 2023: https://www.tiktok.com/@answeranxiety/video/7186671544469343534?lang=de-DE.

Chan, Lik Sam: Ambivalence In Networked Intimacy. Observations From Gay Men Using Mobile Dating Apps. In: New Media & Society (2018) S. 2566–2581.

Denby, Alicia / Hooff, Jenny van: »An Emotional Stalemate«. Cold Intimacies in Heterosexual Young People's Dating Practices. In: Emotions and Society (2023) S. 1–17.

Dingeldey, Irene: Aktivierender Wohlfahrtsstaat und sozialpolitische Steuerung. In: Bundeszentrale für politische Bildung (Hrsg.): Aus Politik und Zeitgeschichte. Bonn 2006.

Feulner, Edwin: Waging and Winning the War of Ideas. Washington, D.C. 1986.

Foucault, Michel: Die Geburt der Biopolitik. Geschichte der Gouvernementalität II. Frankfurt a. M. 2008.

Frank, Robert / Gilovich, Thomas / Regan, Dennis: Does Studying Economics Inhibit Cooperation? In: Journal of Economic Perspectives (1993) S. 159–171.

Fricker, Miranda: Epistemic Injustice. Power And the Ethics of Knowing. Oxford 2007.

Fromm, Erich: The Art of Loving. New York City 1956.

George, Susan: How to Win the War of Ideas. In: Dissent (1997) S. 47–53.

Gramsci, Antonio: Gefängnishefte [1948]. Übers. von Klaus Bochmann. Hamburg 2002.

Greenberg, Martin: A Theory of Indebtedness. In: Kenneth Gergen, M.S., Richard Willis (Hrsg.): Social Exchange. Advances in Theory and Research. New York 1980.

Hermann, Ulrike: Essay. Keynes übersieht den Wachstumszwang im Kapitalismus. In: John Maynard Keynes: Wirtschaftliche Möglichkeiten für unsere Enkel. Hrsg. von Jens C. Knipp. Stuttgart 2024. S. 80–91.

Hochschild, Arlie Russel: The Managed Heart. Commercialization of Human Feeling. Berkeley 1983.

Illouz, Eva: The End of Love. A Sociology of Negative Relations. Oxford 2019.

Kasser, Tim / Ryan, Richard: Be Careful What You Wish For. Optimal Functioning and the Relative Attainment of Intrinsic and Extrinsic Goals. In: Peter Schmuck / Kennon Sheldon (Hrsg.): Life Goals and Well-Being. Towards a Positive Psychology of Human Striving. Göttingen 2001. S. 116–131.

Keynes, John Maynard: The General Theory of Employment, Interest and Money [1936]. London 2007. (Dt.: Allgemeine Theorie der Beschäftigung, des Zinses und des Geldes. Übers. von Fritz Waeger, verbessert und um eine Erläuterung des Aufbaus ergänzt von Jürgen Kromphardt / Stephanie Schneider. Berlin 1936/2009.)

Krugman, Paul: The Tax-Cut Con. Online 2011: https://www.nytimes.com/2003/09/14/magazine/the-tax-cut-con.html.

Lukács, Georg: Geschichte und Klassenbewußtsein [1923]. Neuwied 1983.

Marx, Karl: Kritik der politischen Ökonomie [1859]. In: Marx Engels Werke. Hrsg. vom Institut für Marxismus-Leninismus beim ZK der SED, Bd. 13. Berlin 1981.

Miller, Dale / Ratner, Rebecca: The Disparity Between the Actual and Assumed Power of Self-Interest. In: Journal of Personality And Social Psychology (1998) S. 53–62.

Neuhäuser, Christian: Wie reich darf man sein? Über Gier Neid und Gerechtigkeit. Stuttgart 2019.

Palmer, Lauren: Dating in the Age of Tinder. Swiping for Love?

In: Julia Carter / Lorena Arocha (Hrsg.): Romantic Relationships in a Time of »Cold Intimacies«. New York 2020. S. 129–149.
Plehwe, Dieter / Walpen, Bernhard: Between Network and Complex Organization. The Making of Neoliberal Knowledge and Hegemony. In: D. P. / B. W. / Gisela Neunhöffer (Hrsg.): Neoliberal Hegemony. A Global Critique. London 2006. S. 27–50.
Pugachevsky, Julia: 17 Things Every Woman Should Know About Friendship Before She's 25. Online 2018: https://www.cosmopolitan.com/sex-love/a18370460/friendship-advice/.
Ratner, Rebecca / Miller, Dale: The Norm of Self-Interest and its Effects on Social Action. In: Journal of Personality and Social Psychology (2001) S. 5–16.
Roberts, Brent / Robins, Richard: Broad Dispositions, Broad Aspirations. The Intersection of Personality Traits and Major Life Goals. In: Personality and Social Psychology Bulletin (2000) S. 1284–1296.
Sen, Amartya: Rationale Dummköpfe [1977]. Stuttgart 2020.
Smith, Adam: Der Wohlstand der Nationen [1776]. München 1974.
Sober, Elliott / Wilson, David Sloan: Unto Others. Harvard 1999.
Solberg, Emily / Diener, Edward / Robinson, Michael: Why Are Materialists Less Satisfied? In: Tim Kasser / Allen Kanner (Hrsg.): Psychology And Consumer Culture. The Struggle For a Good Life in a Materialistic World. Washington, D.C. 2004. S. 29–48.
Somers, Margaret / Block, Fred: From Poverty to Perversity. Ideas, Markets, and Institutions over 200 Years of Welfare Debate. In: American Sociological Review (2005) S. 260–287.
Thomas von Aquin: Summa Theologica [1273]. Bd. 13. Heidelberg 1977.
Tullock, Gordon: Public Choice. In: Matias Vernengo / Esteban Caldentey / Barkley Rosser (Hrsg.): The New Palgrave Dictionary of Economics. Basingstoke 2008. S. 1–8.
Warneken, Felix / Tomasello, Michael: Altruistic Helping in Human Infants and Young Chimpanzees. In: Science (2006) S. 1301–1303.
– The Roots of Human Altruism. In: British Journal of Psychology (2009) S. 455–471.
Watkins, Philip / Scheer, Jason / Ovnicek, Melinda / Kolts, Russell: The Debt of Gratitude. Dissociating Gratitude and Indebtedness. In: Cognition & Emotion (2006) S. 217–241.

Zum Autor

Jonas Zorn, geb. 1988, studierte Philosophie, Anglistik und Psychologie in Köln und London. Derzeit ist er Lehrbeauftragter am Institut für Philosophie und Politikwissenschaft der Technischen Universität Dortmund.